양향자의 중국요리

중국집보다 맛있다

5천만의 외식 메뉴

Prologue

이제, 맛있고 깔끔한
홈메이드 중국요리를 즐기세요

중국요리는 어른아이 할 것 없이 좋아하는 인기 외식 메뉴예요.
하지만 일부 중국음식점의 위생상태 때문에 사먹기가 꺼려진다는 사람들도 많아요.
게다가 조미료도 많이 들어가 아이들에게 먹이기는 더 불안하지요.
이제부터는 중국요리도 집에서 만들어 즐기세요. 중국요리는 튀기고 볶고 하는 과정이
복잡해 보여서인지 집에서 하기 어려운 요리라고 생각하는 사람들이 많은 것 같아요.
하지만 몇 가지 요령만 알면 초보자도 어렵지 않게 맛을 낼 수 있는 요리가 바로
중국요리랍니다. 특히 푸짐하고 먹음직스러워서 특별한 날이나 손님 오신 날 상에
올리면 진가를 톡톡히 발휘하지요.
이 책에는 손님상에 올리기 좋은 별미요리, 간편하고 영양 많은 면 요리와 밥 요리,
간식과 후식으로 좋은 간단 요리, 중국음식의 맛을 제대로 느낄 수 있는 가정식,
인기 만점 퓨전요리 등 다양한 중국요리를 담았어요.
구하기 어려운 재료는 쉬운 재료로 바꾸고, 복잡하고 어려운 과정은 단순하게 바꿔,
요리에 자신 없는 초보라도 금세 따라 할 수 있어요. 양념도 고유의 맛을 살리면서 우리
입맛에 잘 맞도록 보완했어요.
아이들이 좋아하는 짜장면과 탕수육, 이제 배달시키지 말고 직접 만들어주세요.
맛은 기본, 깨끗하고 기름도 적어 마음이 놓인답니다.
지금 바로 아이들 간식부터 만들어볼까요?

Contents

002 Plorogue

요리하기 전에
재료부터 맛내기까지
중·국·요·리·기·초

- 010 좋은 재료가 음식 맛을 좌우해요
  중국요리에 자주 쓰는 재료
- 012 요리가 즐겁고 편해져요
  중국요리가 쉬워지는 조리도구
- 013 이것만 있으면 든든해요
  갖춰두면 좋은 기본 양념
- 014 맛있는 요리, 비법이 있어요
  재료별 맛내기 노하우
- 020 맛은 기본, 풍성해서 인기예요
  센스 만점 손님상 차리기
- 022 색다른 분위기를 즐겨요
  중국의 식사예절

PART 1
칭찬받는 손님상
별·미·요·리

- 026 손님상에 빠지지 않는 감초 요리
  양장피
- 028 담백하고 고소한 전채 요리
  새우전복냉채
- 030 새콤한 소스가 입맛 살리는
  해파리냉채
- 032 두부와 채소의 매콤한 만남
  마파두부
- 034 아삭아삭 씹는 맛이 좋은
  북경식 고추잡채
- 036 담백한 빵과 함께 먹는 푸짐한 요리
  부추잡채와 꽃빵
- 038 여러 가지 해물과 채소가 듬뿍
  팔보채
- 040 해물이 가득한 보양 요리
  전가복
- 042 쫄깃하고 아삭한 볶음 요리
  새우아스파라거스볶음
- 044 깔끔하면서 감칠맛이 도는
  게맛살마늘소스볶음
- 046 바삭한 새우 맛이 살아 있는
  새우브로콜리볶음

048 매콤한 고추 맛이 매력
새우고추볶음

050 새콤달콤한 소스로 인기
새우케첩볶음

052 청경채와 쇠고기의 담백한 만남
쇠고기굴소스볶음

054 연하면서 쫄깃하게 씹히는
난자완스

056 밥과 함께 먹기 좋은
돼지고기짜장볶음

058 누구나 좋아하는 대표 중국요리
깐풍기

060 새콤달콤한 소스를 끼얹은 생선 요리
탕수조기

062 기름이 쏙 빠져 느끼하지 않은
오향장육

064 매콤한 두반장으로 맛을 낸
두반소스오리찜

066 우리 입맛에 잘 맞는 구수한 맛
해물누룽지탕

PART 2

간편하고 영양 많은
한·그·릇·요·리

070 아이들이 제일 좋아하는
짜장면

072 매콤한 국물 맛이 일품
사천짬뽕

074 여러 가지 해물이 한 가득
전복해물짬뽕

076 얼큰하고 시원한 별미 국수
굴짬뽕

078 닭육수와 표고버섯으로 담백하게 끓인
기스면

080 통통한 면발과 걸쭉한 국물
울면

082 해물과 채소가 듬뿍
중화볶음우동

084 채소와 돼지고기로 영양 균형을 맞춘
중국식 볶음밥

086 알싸한 향이 좋은 건강 밥
마늘볶음밥

088 달걀 하나로 쉽게 만드는
달걀볶음밥

090 입 안에서 톡톡 터지는 맛
날치알게맛살볶음밥

092 해물과 채소가 푸짐한
잡탕밥

094 굴소스로 볶아 감칠맛 나는
베이컨새우볶음밥

096 쫄깃한 당면이 입에 착 붙는
잡채밥

098 새우와 오징어가 듬뿍
해물덮밥

100 두반장으로 매콤하게 맛낸
사천식 마파두부덮밥

102 진하면서 담백한 맛
게맛살수프

104 닭고기가 들어 있어 든든한
애호박달걀수프

PART 3
부담 없이 즐기는
간·식 & 후·식

108 담백하고 쫄깃한 맛
해물딤섬

110 부드러운 닭 가슴살이 듬뿍
닭고기딤섬

112 잣가루를 넣어 달콤, 고소한
단호박딤섬

114 쫀득하면서 부드러운
물만두

116 맛있는 고기소가 꽉 찬
군만두

118 상큼하고 부드러운 달걀요리
토마토달걀볶음

120 캐슈너트의 고소함이 가득
닭고기캐슈너트볶음

122 새콤달콤, 모두가 좋아하는
파인애플탕수육

124 쫄깃하고 바삭한 북경식 탕수육
꿔바로우

126 쫄깃한 닭다리 살과 아삭한 채소의 만남
유린기

128 아이들 입맛에 딱 맞는
깐쇼새우

130 겉은 바삭, 속은 쫄깃
새우춘권

132 담백하고 든든한 영양 간식
두부춘권

134 달콤해서 후식으로도 좋은
바나나춘권

136 중국의 길거리 음식
요우티아오

138 달콤한 중국식 맛탕
고구마빠스

140 고소한 호두의 달콤한 변신
호두빠스

142 시럽에 버무린 과일 후식
바나나탕

PART 4
진짜 중국의 맛
중·국·가·정·식

146 고기와 해물, 버섯이 어우러진
유산슬

148 땅콩이 통째로 씹히는 닭고기 요리
궁보계정

150 입에 착 감기는 감칠맛
동파육

152 매콤, 달콤, 새콤한 서민 음식
어향육사

154 향이 좋고 부드러운 사천요리
회과육

156 향긋하고 아삭한 맛을 더한
쇠고기셀러리볶음

158 굴소스로 맛을 내 담백하고 부드러운
　　홍소두부

160 향긋한 표고버섯과 청경채의 만남
　　향고유채

162 바삭한 닭고기와 매콤한 소스
　　라조기

164 두반장 소스로 볶은 고기 요리
　　마라우육

166 흰 살 생선과 새우, 쇠고기가 어우러진
　　샤우양위

168 새콤달콤한 이색 갈비 요리
　　탕수갈비

170 입맛을 돋우는 전채 요리
　　산라탕

172 담백한 국물 맛이 일품
　　두부완자탕

174 여덟 가지 귀한 재료로 만든 볶음 국수
　　팔진초면

186 흰 살 생선의 영양이 가득한
　　깐풍북어

188 한 입에 먹기 좋은 영양 간식
　　레몬닭고기튀김

190 숙주나물을 넣어 아삭함을 더한
　　몽골리안비프

192 두부와 치즈의 이색 만남
　　마파그라탱

194 찾아보기

모든 요리의 레시피는 4인분입니다.

PART 5
인기 만점
퓨·전·중·국·요·리

178 매콤 새콤한 소스가 입맛 돋우는
　　양파닭살샐러드

180 생크림이 듬뿍 들어가 부드러운
　　블루베리크림새우

182 상큼한 소스로 느끼함을 줄인
　　오렌지쇠고기튀김

184 싱싱한 채소와 함께 즐기는
　　쇠고기양상추쌈

요리하기 전에 basic lesson

재료부터 맛내기까지
중국요리 기초

중국요리가 처음이세요? 걱정 마세요. 재료 고르기부터 요리를 즐겁고 편하게 하는 도구, 옆에 두면 유용한 여러 가지 소스, 제 맛내기 비법과 중국식 상차림까지 꼼꼼하게 알려드려요. 보기만 해도 넉넉해지는 중국요리, 지금부터 차근차근 배워볼까요?

좋은 재료가 음식 맛을 좌우해요

중국요리에 자주 쓰는 재료

중국에서는 네발 달린 것 중 책상 빼고 다 먹는다는 말이 있어요. 그만큼 중국요리에 쓰이는 재료는 아주 다양해요.
흔히 쓰는 재료부터 특별한 재료까지 중국요리의 기본 재료들과 신선한 재료 고르는 방법을 알려드려요.

해삼
바다의 인삼이라고 불릴 만큼 영양가가 아주 높고 담백한 맛이 일품이라 여러 가지 요리에 두루 쓰인다. 주로 마른 해삼을 쓰는데 연한 검은색에 소금이 하얗게 덮여 있는 것, 살이 통통하면서 돌기가 많고 뚜렷한 것이 좋다. 또 완전히 말랐을 때 구부러지지 않아야 한다. 마른 해삼은 손질하는 데 시간이 오래 걸리기 때문에 미리 손질해두는 것이 좋다. 불린 해삼은 물에 담가 냉장 보관하고 매일 물을 갈아줘야 신선함이 오래도록 유지된다.

팔각
중국요리에서 가장 많이 쓰이는 향신료로 별 모양의 대회향의 열매다. 오향분의 주재료로 생선 비린내와 고기 누린내를 없애며 향이 진하고 입맛을 돋운다.

조개관자
패주라고도 하며, 생것도 있고 말린 것도 있다. 생것은 미색을 띠면서 윤기가 나는 것이 신선한 것이다. 가장자리에 붙어 있는 이물질을 잘라내고 씻은 뒤 둘레의 얇은 막을 벗겨 내야 질기지 않다. 말린 것은 따뜻한 물에 2시간 정도 불린 뒤 요리에 따라 파, 생강을 넣고 삶거나 쪄서 쓴다.

찹쌀누룽지
찹쌀을 쪄서 팬에 납작하게 펴 눌린 것으로 구수하고 바삭하다. 180℃의 기름에 튀겨 뜨거울 때 소스를 부어야 제 맛이다.

죽순
대나무의 땅속줄기 마디에서 돋아나는 어린순으로 봄철 아주 짧은 기간에 나온다. 길이가 15~20cm 정도로 짧고 토실토실한 껍질에 흰 잔털이 조밀하면서 윤기 나는 것이 좋다. 저장이 어렵고 손질도 번거로워 통조림 죽순을 많이 쓴다. 삶을 때는 중간에 칼집을 내서 쌀뜨물이나 쌀겨를 타서 삶는다. 통고추를 넣고 삶으면 아린 맛을 없애는 데 효과가 있다.

요과
인도 땅콩으로 중국요리에 많이 쓰인다. 반달모양으로 고소한 맛이 난다. 튀기거나 설탕에 조려 후식으로 먹기도 하고 볶음요리에 넣기도 한다.

중국부추
우리나라 부추보다 흰 부분이 굵고 길며 향이 강하다. 볶음용으로 주로 쓰는데, 센 불에서 재빨리 볶아야 숨이 죽지 않는다. 익는 데 오래 걸리는 흰 부분을 먼저 볶다가 푸른 잎을 넣고 재빨리 볶아 색감을 살린다.

고급 요리에 쓰여요

제비집
동남아시아에 서식하고 있는 바다제비의 둥지를 수집해서 말린 것으로 바다제비가 해초나 물고기를 물어다가 자신의 타액을 섞어 잘게 씹어서 둥지를 튼 것이다. 황제의 식탁에만 오르던 매우 진귀한 식재료로, 그 자체에 맛이 있는 것이 아니라 조리할 때 쓰는 육수와 양념에 의해 맛이 좌우된다. 색이 희고 이물질이 전혀 섞이지 않은 것이 최고 품종이며, 물에 불려서 잔털을 제거한 뒤 끓이거나 쪄서 수프나 후식에 쓴다.

목이버섯
조직이 부드러우면서 탄력성이 있어 질긴 편이고, 마르면 딱딱하고 얇아진다. 흑갈색의 얇고 가벼운 것이 좋으며, 찬물에 15~20분간 불려 부드럽게 만든 뒤 주름 사이에 있는 이물질을 말끔히 씻어 내고 쓴다. 특유의 향과 맛이 있고 씹는 촉감이 좋으며 돼지고기와 두부 요리에 잘 어울려 볶음, 전골, 탕수육 등에 쓴다.

상어지느러미
중국요리의 고급 식재료로 그 중에서도 청상어의 지느러미는 최고급에 속한다. 아프리카, 인도, 일본 등이 주산지이며 산지에 따라 특색이 있고 종류도 다양하다. 말린 것을 쓰는데, 불리는 데 시간이 오래 걸린다. 물에 2시간 정도 담갔다가 냄비에 물을 붓고 대파, 생강, 술을 넣어 5분 정도 끓인 뒤 불을 끄고 2시간쯤 두었다가 건져서 다시 한 번 육수에 삶는다.

송화단
석회, 진흙, 쌀겨를 반죽해서 그 안에 오리알을 넣고 온도, 기후를 잘 맞춰 25일 정도 숙성시킨 것이다. 껍데기를 벗기면 속에 소나무 무늬가 보여 소나무 송(松)자와 꽃 화(花)자를 붙여서 송화단이라 부른다. 달걀과 비슷하지만 속이 회색빛을 띠는 것이 특징이며, 노른자가 흐를 듯이 말랑한 것이 잘 삭은 것이다. 껍데기를 벗기고 세로로 길게 썰어 냉채에 곁들인다.

표고버섯
한국, 일본, 중국에서 가장 많이 쓰는 버섯이다. 봄, 여름, 가을에 걸쳐 참나무, 밤나무 등의 활엽수에서 생긴다. 흑갈색의 솜털 같은 비늘조각이 덮여 있고 때로는 터져서 흰 속살이 보이기도 한다. 생것보다는 마른 것을 주로 쓰며, 갓이 두툼하고 바짝 말라서 가벼운 것이 좋다. 따뜻한 물에 20분 정도 불려서 쓴다.

녹말가루
기름기가 많은 중국요리에서 흔히 쓰인다. 수분과 기름이 분리되는 것을 막아 소스의 농도를 걸쭉하게 조절해서 음식에 윤기를 더하고 잘 식지 않게 한다. 녹말을 튀김옷으로 쓸 경우에는 녹말가루에 찬물을 부어 한나절 정도 가만히 두었다가 앙금이 가라앉으면 윗물을 따라내고 가라앉은 앙금(불린 녹말)을 쓰는 것이 좋다. 불린 녹말을 튀김옷으로 쓰면 끈기가 생겨 씹는 맛도 쫄깃하고 튀김옷도 벗겨지지 않는다.

꽃빵
밀가루 반죽을 얇게 밀어서 켜켜이 만든 다음 식용유를 바르고 설탕을 뿌려서 만든다. 화권이라고도 부르며 담백한 맛이 일품이다. 기름기가 많은 중국요리에 곁들여 먹으면 어울린다.

요리가 즐겁고 편해져요

중국요리가 쉬워지는 조리도구

튀기고, 볶고, 찌고, 삶고…. 중국요리는 조리방법이 다양해 조리도구도 여러 가지가 쓰여요.
푸짐한 요리가 중국요리의 특징인 만큼 조리도구의 크기도 크답니다. 갖춰 두면 요긴한 중국요리 조리도구를 구경해요.

양수팬
편수팬
체국자
튀김국자
볶음용 뒤집개
칼

양수팬
우리나라에서 주로 쓰는 평평한 팬과 달리 중국 팬은 둥글고 입구가 넓으면서 밑면이 오목한 것이 특징이다. 센 불에 재빨리 볶아 내는 조리법이 많기 때문에 팬이 오목하게 들어가야 쓰기 편하다. 불길이 팬 전체에 고루 닿아 많은 양을 재빨리 볶을 수 있다는 것이 장점이다. 손잡이가 양쪽으로 달려 있어 튀김을 할 때도 안정감이 있고, 큰 것은 찜기를 올리거나 면을 삶아 내기도 편하다. 가정용으로는 지름 33cm 정도의 크기가 적당하며, 쓰고 나면 깨끗이 씻은 후 종이타월에 기름을 묻혀 닦아서 보관한다.

편수팬
볶음을 할 때 쓰며 '웍(wok)'이라고 부른다. 팬 전체가 넓고 오목하여 모양새가 양수팬과 닮았지만 손잡이가 한쪽에만 달려 있고 좀 더 두꺼운 것이 차이점이다. 한손엔 손잡이를, 다른 손엔 주걱을 잡고 재료를 볶으면 편리하다. 팬이 오목하기 때문에 재료가 밖으로 튀어나갈 염려가 없고 기름에 살짝 데칠 때도 편리하다.

체국자
튀긴 재료의 기름을 거르거나 탕에서 재료를 건질 때, 재료를 삶거나 데쳐 건져 물기를 뺄 때 등 두루두루 요긴하게 쓰인다. 둥글고 오목하며 바닥에 구멍이 뚫려 있어 기름을 뺄 때 유용하고, 재료를 담아 끓는 기름에 담그듯 잠깐 튀기면 두 번 튀긴 것처럼 바삭해진다.

튀김국자
스테인리스 스틸로 만들어진 망국자로 체국자와 같은 용도로 쓰인다. 음식을 삶거나 튀겨 건져 물기나 기름을 빼기에 편리하다.

볶음용 뒤집개
국자와 함께 재료를 뒤집거나 섞을 때, 볶을 때 주로 쓴다. 바닥이 평평하고 삼각형으로 되어 있다. 볶음밥을 할 때 팬을 툭툭 치면서 볶아야 하는데, 이때 볶음용 뒤집개를 쓰면 편리하다.

칼
중국요리에서는 칼 다루는 방법을 며칠에 걸쳐 배울 만큼 칼질을 중요시한다. 중국 칼은 날렵하게 생긴 우리나라의 칼과 달리 폭이 넓고 직사각형에 가깝다. 세 종류로 구분해서 쓰는데, 채소를 써는 칼날이 얇은 칼, 고기를 토막 낼 때 쓰는 두꺼운 칼, 뼈를 토막 내는 칼로 나뉜다. 재료를 써는 것뿐 아니라 칼등으로 고기를 연하게 두들기거나 옆으로 뉘어서 마늘과 생강을 으깰 때도 쓴다.

대나무 찜기
생선찜, 두부찜, 딤섬, 만두 등 모든 찜요리에 필요한 조리도구다. 대나무로 만든 찜기로 찜을 하면 재료에 독특한 향이 배어 풍미가 좋아진다. 냄비에 물을 팔팔 끓인 뒤 그 위에 찜기를 얹어서 찌며, 여러 개를 겹겹이 쌓을 수 있어 한 번에 많은 양을 찔 수 있다. 뚜껑이 대나무로 얼기설기 짜여 있어 수증기가 쉽게 빠져나가기 때문에 재료에 물이 떨어지지 않는다. 크기가 다양하며 그 중 지름 60cm 전후의 것이 가장 보편적으로 쓰인다. 대나무 찜기가 없다면 집에서 흔히 쓰는 스테인리스 찜기를 써도 좋다.

대나무 찜기

갖춰두면 좋은 기본 양념

중국요리는 다양한 소스로 맛을 내요. 갖추고 있으면 요리가 쉬워지고 편해지는 것은 기본, 맛까지 풍부해진답니다. 시중에서 쉽게 구할 수 있는 기본 소스와 그 쓰임새에 대해 알아봤어요.

 굴소스
 매실소스
 쌍로두유
 고추기름
 검은콩소스

굴소스
으깬 굴을 끓여서 바싹 조린 뒤 조미하여 농축시킨 소스로 중국요리에서 가장 많이 쓴다. 감칠맛이 나는 고급 간장으로 생각하면 쉽다. 굴 추출물이 얼마나 들어 있는지에 따라 일반 소스와 프리미엄 소스로 구분된다. 굴소스는 독특한 향과 달콤한 맛이 있어 조금만 넣어도 요리의 풍미를 더한다. 볶음이나 조림 등에 폭넓게 쓰며, 특히 해물을 볶을 때 넣으면 잘 어울린다.

매실소스
약간의 생강과 고추에 중국 매실을 넣어 신맛과 단맛을 낸 소스이다. 매실 특유의 향과 새콤달콤한 맛이 있어 고기요리, 구이요리, 튀김요리 등의 소스에 많이 쓴다.

쌍로두유
노두유, 노추라고도 불리는 중국 간장의 일종이다. 빛깔이 진하고 짠맛이 약한 편이며 단맛이 조금 느껴진다. 맛보다 간장 색을 살리는 요리에 많이 쓴다. 마파두부나 중국식 쇠고기냉채, 닭고기볶음 등에 조금 넣으면 맛있다.

고추기름
사천요리에서 빠질 수 없는 기름으로 향기와 매운맛의 좋은 풍미가 조화를 이룬다. 볶음, 찌개, 무침, 냉채 등의 소스에 많이 쓴다.

검은콩소스
정제된 발효 검은콩으로 만든 다목적 소스로 재료를 잴 때나 볶음요리를 할 때 쓴다. 밥이나 국수에 곁들일 수 있으며, 모든 요리에 어울린다.

고추마늘소스
고추와 마늘의 매콤한 맛과 향이 어우러져 있는 소스로 고기, 생선, 해물의 볶음이나 조림 양념으로 쓰면 편리하다. 튀김을 찍어먹는 소스로도 좋다.

해선장
콩에 향신료를 섞어 만든, 싱거운 된장 같은 소스로 다른 조미료와 섞어 밑간양념을 하는 데 주로 쓴다. 양념장에 넣으면 향을 더하고 튀김, 볶음, 구이 소스로도 잘 어울린다. 북경요리에 많이 쓴다.

중화바비큐소스
달콤한 향이 나는 소스로 쇠고기나 돼지고기 등의 고기볶음, 꼬치구이 등의 고기구이에 유용하다. 재료를 일일이 넣어 소스를 따로 만들지 않아도 돼 편리하다.

두반장
누에콩으로 만든 된장에 고추를 갈아 넣고 갖은 향신료를 넣어 발효시킨 것으로, 맵고 톡 쏘는 맛이 특징이며 짠맛이 강하고 독특한 향이 있다. 무침이나 볶음에 두루 활용되며 매콤한 사천요리를 만들 때 빼놓을 수 없다. 음식의 잡냄새를 없애는 역할도 해 비린내가 있는 생선 조릴 때 조금 넣으면 좋다. 매운맛의 기초가 되는 소스로 우리나라에서 인기 있는 마파두부의 맛을 낸다.

XO 소스
조개관자를 얇게 찢어서 간장, 참기름 등의 양념에 재어 만든 소스로 매운맛을 낸다. 고기요리, 죽, 채소요리, 해물요리, 두부요리, 밥 등의 소스로 많이 쓴다.

 고추마늘소스
 해선장
 중화바비큐소스
 두반장
 XO소스

 맛있는 요리, 비법이 있어요

재료별 맛내기 노하우

중국요리에 맞는 재료 손질법과 조리법을 알고 있으면 음식 모양이 보기 좋을 뿐 아니라 맛도 살릴 수 있어요. 중국요리에 자주 쓰는 고기와 채소, 두부, 해물 등의 맛내기 방법을 찾았어요. 재료 고유의 맛을 살리는 조리 비법을 공개합니다.

고기* 맛내기 비법

녹말가루를 넣어 밑간하는 게 중요하다. 고기를 기름에 데치거나 튀겨서 다른 재료와 소스에 버무리는 조리법이 주를 이룬다.

쇠고기

신선한 재료를 고르는 것이야말로 음식의 맛을 내는 기본이다. 쇠고기가 가장 맛이 좋고 결이 연한 시기는 보통 도살 후 5일에서 10일 사이다. 검붉은 색을 띠며, 붉은 살 사이에 가느다란 실 같은 지방이 그물처럼 얽혀 있는 것이 연하다. 이런 고기는 썰 때 칼날에 고기가 착착 달라붙는 느낌이 난다. 맛없고 질긴 쇠고기는 결이 피둥피둥하고 새빨간 색을 띠며 썰 때 단면에서 진물이 흐른다.

1 밑간을 해서 볶는다

중국요리에서 고기를 볶을 때 어떤 고기든 바로 볶는 경우는 거의 드물다. 대부분 밑간하는 것을 기본으로 하며, 밑간양념으로는 맛술과 소금 또는 간장을 주로 쓴다. 흰색이 나는 재료나 깔끔한 요리에는 소금 간을 하고, 그 외는 간장으로 간을 한다. 고기를 양념에 잴 때는 녹말가루를 아주 조금 넣고 간이 잘 배게 20분 정도 잰다. 육질이 부드러워지고 맛을 내는 데 효과적이다.

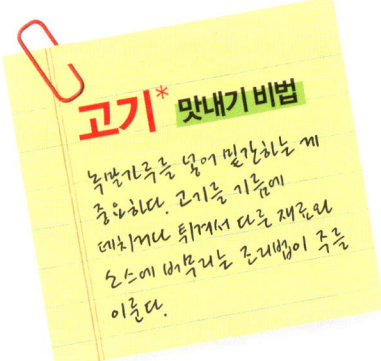
❶ 밑간을 해서 볶는다.

2 향신료를 넣어 누린내를 없앤다

양념에 잴 때 생강, 대파, 팔각 등의 향신료를 넣으면 고기의 누린내를 없애는 데 효과적이다. 오향 중 하나인 팔각은 대회향의 열매를 말린 것으로 고기의 냄새나 잡맛을 없애고 특유의 향을 내어 고기 맛을 살린다.

3 녹말가루는 조금만 넣는다

고기를 양념에 잴 때 녹말가루를 많이 넣으면 튀김을 한 것처럼 고기의 색감과 모양을 살릴 수 없다. 고기 200~300g당 1큰술 정도가 가장 알맞다.

❸ 녹말가루는 조금만 넣는다.

4 기름에 데쳐 볶는다

고기를 먼저 기름에 부드럽게 데쳐서 볶는 것이 조리의 기본이다. 기름의 양은 데칠 재료의 두 배 정도로 재료가 기름 속에서 자유롭게 떠다닐 수 있는 양이어야 한다. 기름의 온도를 맞추는 것도 중요하다. 처음 중온에 재료를 넣어 양념한 재료들이 서로 붙지 않게 풀어 준 뒤 불을 세게 올려 살짝만 익혀내는 것이 알맞다. 고기를 지나치게 오래 익히면 뻣뻣해지고 풍미가 없어지므로 주의해야 한다.

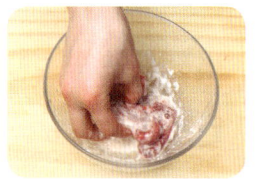

5 함께 볶는 채소는 살짝만 익힌다

쇠고기요리는 대부분 몇 가지 채소와 섞어서 볶는 스피드 요리가 많다. 이때 채소는 살짝만 볶아야 색이 예쁘고 아삭아삭한 맛이 살아난다. 제철에 나는 채소를 이용하면 풍미를 살릴 수 있다.

❺ 함께 볶는 채소는 살짝 익힌다.

돼지고기

돼지고기는 도살 후 3일 정도 지난 것이 가장 맛있다. 쇠고기보다 부패가 빨라 여름에 특히 주의해야 하며, 사서 바로 조리해야 신선한 맛을 즐길 수 있다. 돼지고기는 빛깔이 엷고 윤기가 나며 결이 곱고 살이 두터운 것이 신선하다. 고기의 빛깔이 뻘겋고 지방이 흐물흐물한 것은 피한다.

❶ 녹말가루는 미리 풀어둔다.

1 녹말가루는 미리 물에 풀어 둔다
보통 고기에 녹말가루를 넣고 버무린 뒤 튀김옷을 입히는데, 녹말가루를 미리 물에 풀어두었다가 튀김옷을 입혀 튀기면 더 바삭바삭하다. 녹말가루와 물의 비율은 1:10이 적당하며, 요리하기 20분 전쯤에 풀어놓는 것이 좋다.

❷ 필요 없는 지방을 뗀다.

2 필요 없는 지방을 뗀다
돼지고기에 붙어 있는 불필요한 지방을 떼어 내고 조리한다. 지나친 기름은 비만을 일으키기 쉽고 음식 맛을 느끼하게 한다.

3 밑간을 하여 누린내를 없앤다
맛술, 파, 생강즙 등으로 밑간을 하여 돼지고기의 누린내를 없앤다. 조리 전 20~30분 정도 밑간을 해두면 고기도 연해지고 풍미를 더 할 수 있어 꼭 필요한 과정이다.

❺ 표고버섯과 궁합이 맞는다.

4 먹기 직전에 소스에 버무린다
고기를 볶거나 튀겨서 소스에 버무릴 때는 먹기 직전에 바로 버무린다. 미리 버무려 두면 음식의 제 맛을 잃고 눅눅해진다. 상차림이 모두 준비되면 튀기거나 볶아놓은 고기를 넣고 살짝 버무려 바로 낸다.

5 표고버섯과 궁합이 맞는다
표고버섯에는 양질의 섬유질이 많아 돼지고기의 콜레스테롤이 체내에 흡수되는 것을 막는다. 표고버섯의 향과 돼지고기가 어우러져 풍미도 좋아진다. 표고버섯을 미리 불려두어야 조리하는 시간을 줄일 수 있다.

6 두반장과 잘 어울린다
돼지고기는 누에콩을 발효시켜 고추를 갈아넣고 갖은 양념을 하여 만든 두반장과 잘 어울린다. 밑간을 하거나 소스를 만들 때 자주 쓴다. 맵고 톡 쏘는 맛이 있어 풍미를 더한다.

 맛있는 요리, 비법이 있어요

> 닭고기는 냉동육보다 냉장육이 부드럽고 고기 맛도 좋다. 손질한 뒤 간장, 맛술, 생강즙 등을 넣고 밑간하여 누린내를 없앤 뒤 조리한다.

닭고기

손으로 만졌을 때 촉촉한 것이 좋고 가슴뼈를 만졌을 때 연골 부분이 많은 닭일수록 부드럽다. 가슴뼈 부분이 굳은 것은 늙은 닭으로 고기가 질기다. 닭은 잡은 즉시 먹어도 맛있지만 하룻밤이 지나야 가장 부드럽다. 살이 두툼하면서 푹신한 것이 좋으며 껍질에 윤기가 있고 털구멍이 솟아 있는 것을 고른다. 특정 부위가 필요할 때는 부위별로 손질된 것을 쓰는 것이 요리하기에 더 편하다. 냉동육보다 냉장육이 육질이 부드럽고 고기 맛도 좋다.

❶ 부위별로 다르게 손질한다.

1 부위별로 다르게 손질한다
가슴살은 가장자리에 하얗게 붙어 있는 지방을 떼어 내고, 안심은 한쪽 끝에 선명하게 보이는 힘줄을 잡아당겨서 뗀다. 날개는 날개와 몸통 사이의 껍질을 자르고 날개를 안쪽으로 꺾어서 뼈가 도드라지면 칼로 자른다. 통째로 조리할 때는 사선으로 칼집을 살짝 낸다.

❷ 밑간하여 누린내를 없앤다.

2 밑간하여 누린내를 없앤다
돼지고기, 쇠고기와 마찬가지로 밑간이 중요하다. 손질한 닭고기에 간장, 맛술, 생강즙 등을 넣고 밑간을 하여 누린내를 없앤다.

❸ 삶아서 조리하면 담백하다.

3 삶아서 조리하면 담백하다
조리하기 전에 삶으면 잡냄새가 없어진다. 냄비에 닭고기를 담고 충분히 잠기도록 물을 부은 뒤 대파와 생강, 맛술을 넣고 간을 조금 해서 삶는다. 누린내가 나지 않고 맛이 담백해진다.

❹ 튀김용은 물기를 없앤다.

4 튀김용은 물기를 없앤다
닭고기에 물기가 남아 있으면 튀길 때 기름이 튈 수 있고 녹말가루를 묻힐 때 덩어리질 수 있다. 양념한 닭고기의 물기를 충분히 뺀 뒤 녹말가루를 골고루 묻히고 여분의 녹말가루를 털어낸 뒤 튀긴다.

5 매실소스와 잘 어울린다
매실소스의 상큼한 향은 닭요리와 특히 잘 어울린다. 매실은 소화 작용을 돕는 역할을 하면서 닭고기와 생선 요리의 맛을 더 좋게 한다.

생선·해물 *
맛내기 비법

손질을 잘해야 맛과 모양이 살아난다. 생선살을 튀겨 소스를 끼얹거나 갖가지 해물을 걸쭉하게 볶는 것이 대표 조리법이다.

1 새우는 내장만 뺀다
중국요리에는 새우로 만든 요리가 특히 많은데 머리와 꼬리를 떼지 않고 이쑤시개로 내장만 빼서 조리하는 경우가 많다. 좀 더 풍성하고 맛깔스러워 보인다.

2 생선은 손질을 잘해야 비린내가 나지 않는다
생선은 손질을 어떻게 하느냐에 따라 비린내가 날 수도 있고 안 날 수도 있다. 몸통에 붙어 있는 비늘을 반대 방향으로 긁어낸 뒤 아가미를 통해 내장을 꺼내야 역한 냄새가 나지 않는다. 비늘을 긁어내지 않으면 비린내가 날 뿐만 아니라 양념이 생선 속까지 스며들지 않아 맛도 덜하다.

3 주재료에 따라 소스 색을 고른다
생선이나 해물요리를 할 때는 주재료에 따라 소스를 달리해야 요리의 맛과 색감을 풍부하게 살릴 수 있다. 흰 살 생선은 소스 색깔도 맑고 깨끗한 것이 어울리고, 새우나 붉은 살 생선은 짙은 색의 소스가 잘 어울린다.

❸ 재료에 따라 소스 색을 고른다.

4 생선찜은 뜨거운 기름을 끼얹어 낸다
생선찜에 뜨거운 기름을 끼얹으면 요리에 쓰인 향신채소의 향이 보존되고 생선의 맛이 더 부드러워진다. 상에 낼 때 뜨거운 기름을 끼얹어 낸다.

5 생선이나 새우는 센 불에서 찐다
찜을 할 때는 먼저 그릇에 대파와 저민 생강을 늘어놓고 향이 올라오게 한 뒤 손질한 생선을 넣고 센 불에 단시간 쪄 내야 재료 본래의 맛을 잘 살릴 수 있다.

❻ 탕수용은 흰 살 생선을 쓴다.

6 탕수용은 흰 살 생선을 쓴다
생선으로 탕수를 할 경우에는 살이 두툼한 흰 살 생선이 좋다. 170℃의 기름에 넣어 튀기는데, 튀긴 생선을 꺼냈다가 다시 넣고 기름 위로 파르르 떠오를 때까지 튀겨 건지면 더 바삭한 맛이 난다.

7 오징어보다 갑오징어를 쓴다
갑오징어는 오징어보다 살이 두툼하고 칼집을 넣어 모양을 내기도 좋아 많이 쓴다. 하지만 갑오징어가 없으면 오징어로 대신해도 된다.

❼ 오징어보다 갑오징어를 쓴다.

맛있는 요리, 비법이 있어요

채소·두부 맛내기 비법

신선한 채소를 푸짐하게 넣으면 요리가 풍성해 보인다. 채소의 색을 살리고 두부가 부서지지 않게 하는 것이 포인트다.

1 모양을 살려 썰면 보기도 먹기도 좋다
중국요리는 음식의 모양도 중요한 역할을 한다. 피망이나 오이 등을 썰 때는 두께나 길이를 일정하게 써는 것이 좋고, 청경채는 밑동에 칼집을 넣어 포기를 작게 나눠서 썰어야 모양이 흐트러지지 않는다. 죽순은 특유의 빗살 모양을 그대로 살려 썰면 보기 좋다.

2 두부는 체국자에 담아 데친다
두부는 어떻게 조리하느냐에 따라 맛이 조금씩 다르다. 기름에 데치면 구수한 맛이 나고, 끓는 물에 데치면 기름지지 않아 담백한 맛이 난다. 두부를 데칠 때는 체국자에 담아 데쳐야 모양이 부서지지 않는다.

3 조리 도중에 자주 저으면 두부가 부서진다
두부요리를 할 때 너무 자주 뒤적이거나 저으면 두부가 부서져 음식이 지저분해진다. 냄비째 살살 흔들기만 한다. 또한 두부는 뜨거울 때 간이 잘 배므로 두부가 뜨거워지도록 뚜껑을 덮고 끓인다.

❸ 조리 도중에 자주 저으면 두부가 부서진다.

4 목이버섯을 육수에 쪄서 조리하면 부드럽다
마른 목이버섯은 찬물에 담가 보들보들해질 때까지 불린다. 부드럽게 불린 목이버섯을 그대로 볶지 말고 육수를 붓고 살짝 쪄서 조리하면 버섯에 육수 맛이 고루 배어들고 씹히는 맛도 한결 좋아진다.

5 볶을 때는 푸른 채소를 나중에 넣는다
채소를 볶을 때는 더디게 익는 것부터 넣고 푸른 채소는 가장 마지막에 넣어 센 불에 살짝 볶는 것이 좋다. 채소를 오래 볶으면 채소에 있는 수분이 빠져나와 양념 맛이 흐려진다. 나중에 넣고 센 불에 살짝 볶아 양념이 잘 배게 한다.

❺ 볶을 때는 푸른 채소를 나중에 넣는다.

6 채소를 데칠 때 기름을 한 방울 떨어뜨린다
채소를 데칠 때 소금과 기름을 조금씩 넣으면 채소에 윤기가 나고 푸른색이 살아나며 고소한 맛도 더해진다. 채소는 아주 살짝만 데쳐서 채소 자체의 질감과 맛을 살린다.

7 센 불에서 재빨리 볶는다
채소를 볶을 때 센 불에서 단시간에 볶아야 채소의 맛과 색, 향이 그대로 살아난다.

❼ 센 불에서 재빨리 볶는다.

기억하세요!
중국요리 제 맛 내는 기본 테크닉

1 고기나 생선, 해물은 반드시 밑간을 한다
주재료로 쓰는 고기나 생선, 해물은 맛술, 간장, 후춧가루 등으로 밑간을 한다. 잡냄새를 없애고, 풍미를 높일 수 있다.

2 튀김옷에는 불린 녹말, 소스에는 녹말물을 쓴다
불린 녹말과 녹말물은 쓰임새가 헷갈리기 쉽다. 불린 녹말은 튀김옷 만들 때 쓴다. 녹말가루를 넉넉한 물에 풀어 3시간 이상 두면 앙금이 가라앉는데, 맑은 윗물을 따라내고 남은 앙금이 바로 불린 녹말이다. 불린 녹말로 튀김옷을 만들면 끈기가 생겨 튀김옷이 잘 벗겨지지 않고 쫄깃한 맛이 난다. 볶음요리의 소스나 국물요리에는 녹말물을 쓴다. 녹말물은 재료에서 맛있는 성분이 흘러나오는 것을 막고, 재료들이 고루 어우러지게 하며, 음식에 윤기를 내고, 빨리 식는 것을 막는다.

3 볶음을 할 때는 파와 마늘로 향부터 낸다
볶음요리를 할 때는 프라이팬을 달궈 식용유나 고추기름을 두르고 파와 마늘을 먼저 볶아 향을 낸 다음에 주재료를 넣어 볶는 것이 순서다. 음식 전체에 파, 마늘의 향이 은은하게 배어 풍미를 더하고 깔끔한 맛을 낸다.

4 재료를 기름에 살짝 데쳐 볶는다
중국의 볶음요리는 주재료를 볶기 전에 기름에 살짝 데치듯이 튀겨 내는 것이 포인트다. 녹말가루를 넣고 주물러 기름에 데친 뒤 나머지 재료와 함께 볶으면 윤기가 나고 재료 자체의 맛을 지킬 수 있다. 튀겨서는 안 되며, 살짝 데치듯이 기름에 넣었다 빼는 것이 중요하다.

❶ 고기나 생선, 해물은 반드시 밑간을 한다.

❷ 튀김옷에는 불린 녹말을 쓴다.

❸ 볶음을 할 때는 파와 마늘로 향부터 낸다.

❹ 기름에 살짝 데쳐 볶는다.

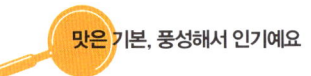
맛은 기본, 풍성해서 인기예요

센스 만점 손님상 차리기

중국요리로 손님초대상을 차리면 어느 때보다 풍성한 상차림이 될 수 있어요. 모임의 성격이나 손님 수에 따라 내놓는 요리를 정하고 다양한 재료로 변화를 주세요. 여기에 중국풍 소품으로 분위기를 더하면 금상첨화랍니다.

조리법과 재료가 겹치지 않게 한다

식단을 짤 때는 전채부터 후식까지 같은 조리법 혹은 같은 재료의 음식이 나오지 않도록 주의해야 한다. 예를 들어 전채로 해물요리를 준비했다면 주 요리는 해물보다 고기나 채소, 두부, 생선요리 등을 내는 것이 적합하다. 또 주 요리가 두 가지일 경우 한 가지가 튀김이면 다른 한 가지는 볶음이나 찜 등의 메뉴로 조화를 이룰 수 있게 한다.

모임의 성격에 맞춰 메뉴를 고른다

메뉴를 고를 때는 모임의 성격을 파악하는 것이 중요하다. 예를 들어 남자들의 모임인 경우에는 식사보다는 술이 주가 되므로 술과 어울릴 만한 메뉴를 고르는 것이 좋고, 아이들을 위한 상차림이면 중국의 독특하고 자극적인 향신료를 적게 쓰는 메뉴로 정하는 것이 좋다. 어르신들의 모임일 경우에는 기름진 음식보다 담백하면서 소화가 잘 되는 메뉴를 고른다.

요리의 양보다 수를 늘린다

손님을 집에 초대했을 때 준비해야 할 요리의 가짓수는 손님 수에 비례해서 준비해야 한다. 손님 수가 늘어 더 많은 음식을 준비해야 될 경우 음식의 양을 늘리는 것이 아니라 음식의 가짓수를 늘려 손님들이 취향에 따라 골라 먹기 좋게 한다.

전채로는 냉채가 좋다

입맛을 돋우는 전채로는 냉채가 제격이다. 해파리냉채나 양장피, 여러 가지 음식을 한 그릇에 담아 내는 삼품냉채, 사품냉채, 오품냉채 등이 있다. 중식 풀코스에서 수프는 원래 거의 마지막에 나오는데 요즘에는 서양식처럼 처음에 내기도 한다.

주 요리는 3~4가지가 알맞다

주 요리는 쇠고기, 돼지고기, 닭고기, 해물, 두부, 채소, 생선 등으로 만든 요리 가운데 3~4가지를 골라서 낸다. 고기요리 두 가지, 해물요리 한 가지, 두부요리나 채소요리 한 가지로 구성하면 알맞다. 탕수육이나 새우케첩볶음 등 단맛이 나는 요리는 마지막에 내는 것이 좋다.

" 전채부터 후식까지 재료나 조리법이 중복되지 않게 한다. 전채로 해물요리를 준비했다면 주 요리는 고기나 채소, 두부, 생선요리 등을 내는 것이 좋다. 또 주요리가 두 가지일 경우 한 가지가 튀김이면 다른 한 가지는 볶음, 찜 등으로 조화를 이룰 수 있게 한다. "

후식으로 국수나 빠스를 준비한다

중국요리에서 후식의 범위는 매우 넓다. 한 끼 식사로 생각하는 국수나 만두에서 달콤한 빠스, 단 과일, 재스민차까지 다양하다. 식사가 필요하면 국수나 만두 중에서 한 가지를 정하고, 단 과일과 차를 준비한다. 식사가 필요 없으면 빠스와 차를 준비하면 된다.

기본 양념을 준비해둔다

중국요리를 먹다 보면 간장, 고추기름, 식초, 겨자소스 등과 같이 기본으로 필요한 양념들이 있다. 손님의 수나 테이블의 크기를 고려해 기본 양념을 준비한다. 테이블 중간 중간에 놓아 두면 손님들이 식사를 편하게 즐길 수 있다.

중국풍의 소품으로 공간을 꾸민다

중국요리를 먹을 때 분위기를 걸맞게 꾸미는 것도 중요하다. 중국풍의 전통 찻잔이나 테이블 매트, 장식품 등의 소품으로 연출하면 좋다.

색다른 분위기를 즐겨요

중국의 식사예절

중국요리로 차린 만찬, 이왕이면 중국식으로 즐겨 보는 건 어떨까요? 색다른 분위기로 특별한 자리를 만들 수 있을 거예요. 손님의 자리 정하기부터 먹는 방법까지 중국의 식사예절을 소개합니다.

자리를 정할 때는 …

식탁의 자리는 안쪽 가운데 자리가 상석이고 입구 쪽 자리가 말석이다. 주빈이나 주빈 내외가 상석에 앉고, 주인이나 주인 내외는 주빈과 마주 앉는 것을 원칙으로 한다.

가정적인 분위기라면 기본 좌석 배치 방법을 기본으로 하여 예의에 벗어나지 않을 정도로 정하면 된다. 너무 지나치게 상하를 따지면 오히려 친밀감을 떨어뜨릴 수도 있으니 어느 정도의 융통성이 필요하다. 주빈의 옆자리에는 주빈과 상대가 될 만한 사람이 앉게 하고 손님들이 모두 편한 마음으로 식사할 수 있도록 배려해야 한다.

식사를 할 때는 …

술을 마실 때

중국의 연회자리에는 술이 빠지지 않는다. 손님이 모두 모이고 식사가 시작될 무렵 주인이 주빈의 술잔에 술을 먼저 따른 뒤 다른 손님에게 차례로 따른다. 주인이 일어서서 감사의 인사를 하고 술을 권하면 잔을 두 손으로 눈높이까지 들어 단숨에 술잔을 비운다. 술을 못 먹는 사람이라 해도 술잔을 입가에 댔다가 내려놓는 것이 예다.

건배 뒤에는 서로 자유롭게 술을 권한다. 마시지 못하는 사람은 잔을 오른손으로 가볍게 가려 거절하면 예의에 어긋나지 않는다. 술을 마실 때 등을 돌려 마시지 않고 상대의 눈을 보며 마시는 것이 우리와 다른 점이다.

음식을 먹을 때
먼저 주빈이 음식을 자기 접시에 조금 덜고 주변 사람에게 권하면 자기 앞에 있는 음식부터 조금씩 덜어먹는다. 몇 번이고 덜어먹어도 되지만, 덜어간 음식을 남기거나 고개를 숙이고 먹는 것은 예의가 아니다. 그릇을 들고 먹는 것은 괜찮다.
생선요리나 고기요리가 통째로 나올 경우에는 접대하는 사람이 나누어 줄 때까지 기다리는 것이 좋다. 나누어 줄 사람이 없다면 주빈이 먼저 덜어간 다음에 먹는 것이 예의다. 이때 생선의 꼬리 부분부터 부스러지지 않게 조심해 덜어야 하며, 생선을 뒤집어놓는 것은 배가 뒤집힌다는 의미로 불길하게 생각한다.

접시를 쓸 때
어떤 접시에 어떤 음식을 담아야 한다는 규칙이 정해져 있지는 않다. 다만 탕, 후식, 소스를 얹은 요리, 국물이 많은 요리 등은 깊은 그릇을 쓰고 새로운 음식을 먹을 땐 새 접시를 쓴다. 양념이 비슷한 것은 하나의 개인접시에 몇 가지를 덜어도 좋다.

젓가락을 쓸 때
중국의 식탁에서도 우리와 마찬가지로 숟가락과 젓가락을 쓴다. 숟가락은 탕을 먹을 때 쓰고 면과 쌀밥, 볶음요리 등을 먹을 때는 젓가락을 쓴다. 음식을 개인접시에 덜 때는 꼭 공용 숟가락이나 젓가락을 쓴다. 개인이 쓰던 젓가락으로 덜지 않도록 주의한다.

차를 마실 때
차는 뚜껑이 달린 찻종에 우려 마신다. 찻종에 찻잎을 1인분씩 넣고 끓인 물을 부은 뒤 뚜껑을 덮어서 손님에게 낸다. 잠시 두어 차 잎이 가라앉으면 뚜껑을 덮은 채 오른손으로 찻종을 들어 왼손으로 옮긴다. 찻종의 뚜껑을 오른손으로 잡고 위로 조금 밀어 그 틈새로 차를 마신다.

> 주빈이 음식을 자기 접시에 덜고 나면 자기 앞에 있는 음식부터 조금씩 덜어먹는다. 몇 번이고 덜어 먹어도 되지만, 덜어간 음식을 남기거나 고개를 숙이고 먹는 것은 예의가 아니다. 생선을 뒤집어놓는 것은 배가 뒤집힌다는 의미로 불길하게 생각한다.

PART 1

칭찬받는 손님상
별미요리

손님맞이 상차림에 중국요리만한 게 있나요?
새우, 오징어, 전복 등의 싱싱한 해물과 고기, 채소를
듬뿍 넣어 푸짐하게 차려내면 맛은 물론
폼도 나서 인기랍니다. 전채로 좋은 냉채부터
푸짐한 요리까지 누구나 좋아하는
대표 메뉴를 모았어요.

손님상에 빠지지 않는 감초 요리

양장피

해물과 고기, 채소가 골고루 들어가 균형 잡힌 영양에 양까지 푸짐해 사랑받는 요리예요. 칼로리가 낮아 다이어트에도 도움 되지요. 톡 쏘는 겨자소스와 함께 먹으면 개운해요.

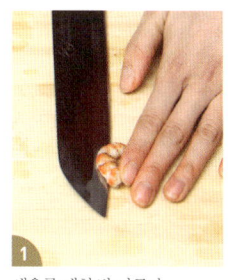

새우를 데쳐 반 가른다.　채소를 채 썬다.　돼지고기를 양념해 볶는다.

tip 양장피는 찬물에 헹궈야 쫄깃해요

양장피는 녹말로 만든 중국요리 재료예요. 얇고 딱딱한 판처럼 생겼지요. 뜨거운 물에 불리거나 데치면 부드러워지는데, 너무 오래 삶으면 흐물흐물해지니 주의하세요. 데친 다음 바로 찬물에 헹구면 쫄깃해져요.

양장피를 데쳐 헹군다.　겨자소스를 만든다.　준비한 재료를 둘러 담는다.

재료

양장피	1장
돼지고기	100g
새우(중하)	4마리
오이	1개
당근	⅓개
피망	2개
양파	½개
목이버섯	5개
달걀	2개
식용유	조금
돼지고기 양념	
간장	1큰술
다진 마늘·다진 생강	1큰술씩
후춧가루	조금
겨자소스	
발효겨자(연겨자)	3큰술
간장	1큰술
다진 마늘	1작은술
생강즙	⅓작은술
소금	조금
육수	4큰술

1 **새우 데쳐 포 뜨기** 새우는 머리를 떼고 내장을 뺀 뒤 데쳐 껍데기를 벗기고 반 가른다.

2 **채소 썰기** 오이를 5cm 길이로 토막 내어 껍질을 살짝 벗기고 돌려 깎아 채 썬다. 당근은 5cm 길이로 토막 내어 길이로 채 썰고, 피망과 양파도 같은 길이로 채 썬다.

3 **버섯·달걀 준비하기** 목이버섯은 찬물에 불려 먹기 좋게 찢고, 달걀은 황백지단을 부쳐 채 썬다.

4 **고기 양념하기** 돼지고기를 채 썰어 양념한다.

5 **고기 볶기** 팬에 식용유를 두르고 양념한 고기를 볶는다.

6 **채소 볶기** 오이를 뺀 나머지 채소를 각각 식용유를 두르고 살짝 볶는다.

7 **양장피 데치기** 양장피를 끓는 물에 4분 정도 부드럽게 데쳐 찬물에 헹군다. 먹기 좋게 찢어 물기를 뺀다.

8 **소스 만들기** 겨자를 육수에 잘 갠 뒤 나머지 재료와 섞는다.

9 **접시에 담기** 큰 접시에 준비한 재료를 둘러 담고 겨자소스를 곁들인다.

조리시간
난이도 ★★★
30분

담백하고 고소한 전채 요리

새우전복냉채

냉채는 손님상에 전채로 자주 내는 요리예요. 전복과 새우를 살짝 데쳐 내고 잣가루로 고소함만 더해 재료 본래의 담백함이 입 안 가득해져요.

1 새우를 손질해 살짝 데친다.

2 새우를 반 가른다.

3 끓는 물에 파, 마늘, 생강, 맛술을 넣고 전복을 데친다.

tip 전복 손질 요령은…
전복을 씻을 때는 굵은 소금을 뿌리고 부드러운 솔로 깨끗하게 닦아 물로 씻으세요. 그런 다음 숟가락을 깊숙이 집어넣어 살을 떼어내면 되는데 이때 한 번에 세게 집어넣으면 내장이 터져 버려요. 숟가락을 살살 움직이면서 넣으세요.

4 데친 전복을 저며 썬다.

6 소스를 만든다.

7 잣을 곱게 다진다.

재 료

새우(대하)	2마리
전복	2개
오이	½개
잣	1큰술
소금	조금
전복 데치는 물	
대파	¼대
마늘	2쪽
생강	½톨
맛술	1큰술
물	2컵
소스	
마요네즈	2큰술
연겨자·레몬즙	1작은술씩
꿀	½큰술
소금	조금

1 **새우 손질해 데치기** 새우를 머리를 떼고 등 쪽 내장을 뺀 뒤 끓는 물에 소금을 넣고 3분간 데친다.
2 **새우 포 뜨기** 데친 새우를 껍데기를 벗기고 반 가른다.
3 **전복 데치기** 전복을 솔로 문질러 깨끗이 씻은 뒤 끓는 물에 대파, 마늘, 생강, 맛술을 넣고 살짝 데친다.
4 **전복 썰기** 데친 전복을 숟가락으로 살만 떼어 내장을 잘라내고 저며 썬다.
5 **오이 썰기** 오이를 소금으로 문질러 씻은 다음 반달 모양으로 어슷하게 썬다.
6 **소스 만들기** 소스 재료를 고루 섞는다.
7 **잣 다지기** 잣을 고깔을 떼고 종이타월 위에 올려 곱게 다지면서 기름을 뺀다.
8 **소스·잣가루 뿌리기** 접시에 대하와 전복, 오이를 담고 소스를 끼얹은 뒤 잣가루를 뿌린다.

새콤한 소스가 입맛 살리는
해파리냉채

해파리와 오이로만 만든 해파리냉채는 깔끔해서 여자들에게 인기예요. 새콤한 소스가 입맛을 돋운답니다. 아삭한 오이와 쫄깃한 해파리가 잘 어우러져 씹는 맛이 좋아요.

1 해파리를 염분을 빼고 살짝

2 데친다.

3 데친 해파리를 물에 담가 둔다. 해파리를 적당히 썰어 양념한다.

tip 또 다른 맛을 즐기려면…
오이 외에 양배추나 양상추를 곁들여도 아삭하고 시원해요. 또 소스에 겨자나 고추냉이를 더하면 톡 쏘는 맛이 나 입맛을 한층 돋우지요. 해파리는 조리하기 전에 하루 정도 물에 담가 두어 염분을 빼세요.

재료

해파리	500g
오이	½개
간장	1½작은술
참기름	1작은술

소스

다진 마늘	1큰술
식초	2½큰술
설탕·소금	1큰술씩
굴소스	2작은술
간장·참기름	1작은술씩
물	2½큰술

4 오이를 채 썬다.

5 해파리의 반과 오이를 섞어 담는다.

6 소스를 만든다.

1 **해파리 데치기** 해파리를 물에 담가 염분을 뺀 뒤 끓는 물에 살짝 데친다.
2 **데친 해파리 우리기** 데친 해파리를 물에 비벼 씻은 뒤 찬물에 30분 정도 담가둔다.
3 **해파리 양념하기** ②의 해파리를 적당히 썰어 간장, 참기름으로 양념한다.
4 **오이 썰기** 오이를 4cm 길이로 채 썬다.
5 **해파리·오이 섞어 담기** 무쳐 놓은 해파리의 반을 오이와 섞어 접시에 담는다.
6 **소스 만들기** 소스 재료를 모두 섞는다.
7 **소스 끼얹기** 남은 해파리를 마저 올리고 소스를 끼얹는다.

두부와 채소의 매콤한 만남
마파두부

두부와 여러 가지 채소를 고추기름에 매콤하게 볶은 마파두부. 밥에 곁들여 먹기도 하고 술안주로도 좋아요. 술자리를 겸하는 상에 올리면 안성맞춤이지요.

1 두부를 깍둑썰기 한다.

2 돼지고기와 채소를 잘게 썬다.

3 두부를 데친다.

tip 두부를 데칠 때는…
두부를 맹물에 데치면 모양이 부서지거나 흐트러지기 쉬워요. 끓는 물에 소금을 조금 넣고 데치면 두부가 단단해져 모양도 좋고 데치기도 쉽답니다.

재료

두부	1모
돼지고기	50g
피망 · 붉은 피망	¼개씩
대파	¼대
마늘	3쪽
생강	½톨
간장 · 맛술	1큰술씩
두반장	2작은술
굴소스 · 설탕	1작은술씩
고추기름	2큰술
녹말물	2큰술
(녹말가루 · 물 2큰술씩)	
물	1컵

4 고추기름에 돼지고기와 채소를 볶는다.

5 두부를 넣어 끓인다.

6 간을 하고 녹말물을 넣어 조린다.

1 **두부 썰기** 두부를 사방 1.5cm 크기로 깍둑썰기 한다.
2 **돼지고기 · 채소 썰기** 돼지고기, 피망, 붉은 피망은 잘게 썰고 대파, 마늘, 생강은 다진다.
3 **두부 데치기** 끓는 물에 소금을 조금 넣고 두부를 데쳐 물기를 뺀다.
4 **돼지고기 · 채소 볶기** 팬에 고추기름을 두르고 달군 뒤 돼지고기와 채소를 살짝 볶다가 맛술, 간장, 두반장, 물을 넣어 끓인다.
5 **두부 넣기** ④가 끓으면 데친 두부를 넣어 1~2분 정도 더 끓인다.
6 **간하고 녹말물 넣기** 굴소스, 설탕으로 간해 끓이다가 녹말물을 넣어 걸쭉하게 조린다.

아삭아삭 씹는 맛이 좋은
북경식 고추잡채

당면 대신 색색의 피망을 채 썰어 매콤하게 볶아 낸 고추잡채는 아삭하게 씹히는 맛이 좋아요.
채 썬 돼지고기가 부담스럽지 않게 피망과 어우러져 친근한 맛이 나요.

1 돼지고기를 채 썰어 밑간한다.

2 피망, 파프리카를 채 썬다.

3 양파, 표고버섯, 죽순을 채 썬다.

tip 참기름은 따지막에 넣어요
참기름은 조리의 마무리 단계에 넣으세요.
음식에 향기가 돌고 윤기가 흘러 요리가
한결 돋보인답니다. 매콤한 맛을 내고 싶다면
피망 대신 풋고추를 넣으세요.

4 고추기름에 돼지고기를 볶는다.

5 채소를 넣어 함께 볶는다.

6 간해 볶다가 참기름으로 향을 낸다.

재료

돼지고기	250g
피망 · 붉은 피망	½개씩
양파	½개
마른 표고버섯	4개
죽순(통조림)	30g
간장	1½큰술
굴소스	2½큰술
다진 마늘	1큰술
고추기름	1작은술
참기름	조금
돼지고기 밑간	
다진 마늘	1작은술
생강즙 · 맛술	조금씩
소금 · 후춧가루	조금씩
녹말가루	1작은술

1 **돼지고기 밑간하기** 돼지고기를 가늘게 채 썰어 밑간양념에 잰 뒤 녹말가루를 가볍게 묻힌다.
2 **피망 썰기** 피망과 붉은 피망은 꼭지를 잘라 내고 4cm 길이로 채 썬다.
3 **버섯 · 양파 · 죽순 썰기** 표고버섯은 물에 불려서 채 썰고, 양파도 채 썬다. 죽순은 안쪽 틈의 하얀 석회를 긁어내고 깨끗이 씻어 채 썬다.
4 **돼지고기 볶기** 팬을 달궈 고추기름을 두르고 다진 마늘을 볶다가 돼지고기를 넣어 볶는다.
5 **채소 · 버섯 넣기** 고기가 반쯤 익으면 채소와 버섯을 넣어 볶는다.
6 **간하고 참기름 넣기** ⑤에 간장, 굴소스를 넣어 볶다가 채소와 고기가 익으면 참기름을 넣는다.

담백한 빵과 함께 먹는 푸짐한 요리

부추잡채와 꽃빵

부추와 피망, 여러 가지 채소를 돼지고기와 함께 볶은 부추잡채는 보통 꽃빵을 곁들여 내요. 담백한 빵에 싸 먹는 잡채 맛이 일품이랍니다. 보기에도 푸짐해서 손님상에 내기 좋아요.

1 돼지고기를 밑간해 잰다.

2 채소를 손질해 채 썬다.

3 중국부추를 5cm 길이로 썬다.

tip 부추를 볶을 때는…
부추를 볶을 때는 흰 부분을 먼저 볶다가 푸른 잎을 넣으세요. 푸른 잎은 음식의 색감을 살리고 씹는 맛이 좋아서 제일 나중에 넣어 살짝만 볶아야 제 색과 맛을 낼 수 있답니다. 오래 볶으면 아삭한 맛이 없어져요.

4 양파와 돼지고기를 볶는다.

5 중국부추의 흰 부분과 고추를 넣어 볶는다.

6 나머지 채소를 넣어 볶는다.

재료

돼지고기(등심)	200g
꽃빵	4개
중국부추	1줌
피망 · 붉은 피망	½개씩
붉은 고추	2개
양파	½개
대파	¼대
간장	3큰술
맛술 · 설탕	2큰술씩
다진 마늘	1큰술
생강즙	½작은술
참기름	1큰술
소금 · 후춧가루	조금씩
식용유	적당량
돼지고기 밑간	
간장	2큰술
맛술	1큰술

1 **돼지고기 밑간하기** 돼지고기를 가늘게 채 썰어 밑간양념에 잰다.

2 **채소 썰기** 피망, 붉은 피망, 양파, 대파는 채 썰고, 붉은 고추는 반 갈라 씨를 털어내고 채 썬다.

3 **중국부추 썰기** 중국부추를 5cm 길이로 썬다.

4 **양파 · 돼지고기 볶기** 팬을 달궈 식용유를 두르고 다진 마늘을 볶다가 향이 나면 양파와 돼지고기를 넣고 간장, 맛술, 생강즙, 설탕을 넣어 볶는다.

5 **중국부추 · 고추 넣기** 고기가 익으면 중국부추의 흰 부분과 붉은 고추를 넣어 볶다가 소금, 후춧가루로 간을 맞춘다.

6 **나머지 채소 넣기** ⑤에 부추의 푸른 부분과 피망, 붉은 피망, 대파를 넣어 살짝 볶은 뒤 참기름을 넣는다.

7 **꽃빵 찌기** 김이 오른 찜통에 면보를 깔고 꽃빵을 쪄서 부추잡채에 곁들인다.

여러 가지 해물과 채소가 듬뿍
팔보채

해삼, 새우, 오징어 등의 해물과 채소를 볶은 요리로 많은 사람들이 함께 즐기기 좋아요.
싱싱한 재료가 가득해 자연의 맛이 살아 있답니다.

1 돼지고기를 양념에 잰다.

2 돼지고기를 튀긴다.

3 오징어와 홍합을 데친다.

tip 팔보채에는 8가지 재료가 담겼어요

팔보(八寶)는 '8가지의 진귀한 재료'를, 채(菜)는 '채소요리'를 뜻해요. 팔보채는 여러 가지 해물과 채소를 볶은 요리를 말하지요. 1천여 년 전 농부들이 차와 함께 먹었던 요리가 청나라 때 연회 요리로 식탁에 올려지면서 중국 각지로 퍼졌다고 해요.

4 새우와 해삼을 데쳐 썬다.

7 손질한 재료를 볶는다.

8 간을 하고 녹말물을 넣는다.

재료

돼지고기	100g
불린 해삼	1개
오징어	½마리
새우(중하)	8마리
홍합	50g
마른 표고버섯	4개
피망	1개
당근	½개
양파	½개
죽순(통조림)	2개
굴소스	3큰술
간장·맛술	1큰술씩
소금·참기름	1작은술씩
녹말물	1큰술
(녹말가루·물 1큰술씩)	
고추기름	2큰술
식용유	적당량
육수	½컵

돼지고기 양념

다진 파	2큰술
다진 마늘·다진 생강	1큰술씩
간장	1큰술
맛술	1작은술

1 **돼지고기 재기** 돼지고기를 납작하게 썰어 양념에 잰다.

2 **돼지고기 튀기기** 양념한 돼지고기를 튀긴다.

3 **오징어·홍합 데치기** 오징어를 껍질 벗겨 물기를 닦은 뒤 칼집을 넣고 큼직하게 썰어 살짝 데친다. 홍합도 손질해 데친다.

4 **새우·해삼 데쳐 썰기** 새우는 데쳐서 껍데기를 벗기고, 불린 해삼은 살짝 데쳐 어슷하게 썬다.

5 **버섯·채소 썰기** 표고버섯을 물에 불려서 한 입 크기로 썰고, 피망과 당근도 비슷한 크기로 썬다. 양파는 3등분하고 죽순은 안쪽 틈의 하얀 석회를 긁어내고 씻어 얇게 저민다.

6 **양파·당근 데치기** 양파와 당근을 끓는 물에 데친다.

7 **재료 볶기** 오목한 팬에 고추기름을 두르고 달군 뒤 마늘, 생강을 볶다가 맛술, 간장을 넣어 끓인다. 더디 익는 재료부터 넣으면서 센 불에 볶는다.

8 **간하고 녹말물 넣기** 재료가 거의 익으면 굴소스와 소금으로 간을 맞추고 육수를 넣어 끓이다가 녹말물을 넣어 걸쭉하게 만든다.

9 **참기름 뿌리기** 마지막으로 참기름을 뿌린다.

해물이 가득한 보양 요리

전가복

전복, 소라, 조개관자 등의 풍부한 해물과 여러 가지 채소를 함께 볶아 보양식으로 좋아요.
닭육수를 진하게 우려 만든 소스에 볶아 깊은 맛이 난답니다.

갑오징어, 소라를 먹기 좋게 썬다.

새우를 손질해 등에 칼집을 낸다.

전복, 조개관자를 저며 썬다.

 전가복은 가족이 복을 기원하는 요리예요

전가복은 진시황 시대에 탄압과 억압을 피해 흩어진 가족이 함께 모여 복을 기원하며 먹은 요리라고 해요. 몸에 좋은 온갖 재료를 넣어 만들기 때문에 보양식으로 손색이 없답니다.

재료를 모두 데친다.

재료를 고추기름에 볶는다.

소스를 넣어 버무린다.

재료

새우(중하)	4마리
갑오징어	½마리
전복	2개
소라	50g
조개관자	2개
표고버섯	4개
양송이버섯	3개
목이버섯	1줌
청경채	1포기
붉은 고추	2개
피망	½개
대파	½대
마늘	2쪽
생강	1톨
간장·맛술	1큰술씩
고추기름	2큰술

소스
굴소스	1큰술
참기름	1작은술
후춧가루	조금
녹말물	3큰술
(녹말가루·물 3큰술씩)	
닭육수	1컵

1 **갑오징어·소라 썰기** 갑오징어와 소라를 손질한 다음 칼집을 내서 먹기 좋은 크기로 썬다.

2 **새우 손질하기** 새우는 껍데기를 벗기고 이쑤시개로 내장을 뺀 뒤 간이 잘 배도록 등에 칼집을 낸다.

3 **전복·조개관자 썰기** 전복을 솔로 문질러 깨끗이 씻은 뒤 살을 떼어 내장을 잘라내고 저며 썬다. 조개관자도 저며 썬다.

4 **목이버섯 불려 썰기** 목이버섯을 찬물에 부드럽게 불려 채 썬다.

5 **버섯·채소 썰기** 표고버섯, 양송이버섯, 마늘을 저며 썰고 피망도 버섯과 같은 크기로 썬다. 붉은 고추는 어슷하게 썰고, 대파도 3cm 길이로 썬다. 생강은 다진다.

6 **재료 데치기** 대파, 마늘, 생강을 뺀 모든 재료를 살짝 데친다. 전복, 조개관자, 양송이버섯, 새우는 데쳐서 따로 둔다.

7 **소스 만들기** 팬에 녹말물을 뺀 소스 재료를 넣고 끓인 뒤 녹말물을 넣어 걸쭉하게 만들고 참기름을 넣는다.

8 **재료 볶기** 팬에 고추기름을 두르고 대파, 마늘, 생강을 볶다가 간장과 맛술로 향을 낸 뒤 데친 재료를 넣어 볶는다.

9 **소스 넣어 볶기** ⑧에 ⑦의 소스를 넣어 버무리듯이 볶는다.

쫄깃하고 아삭한 볶음 요리
새우아스파라거스볶음

살짝 튀긴 새우살과 쫄깃한 새송이버섯, 아삭아삭한 아스파라거스를 함께 볶아 씹는 맛이 좋아요. 굴소스로 맛을 내 감칠맛이 나요.

③ 아스파라거스를 껍질 벗겨 썬다.

④ 튀김옷을 만든다.

⑤ 새우에 튀김옷을 입혀 튀긴다.

tip 아스파라거스를 고를 때는…
아스파라거스는 아삭하게 씹히는 맛이 좋아요. 줄기가 연하고 굵은 것이 좋으며, 자른 부분이 길지 않고 잎이 짙은 녹색인 것이 싱싱한 것이랍니다. 줄기에 수염뿌리가 나 있는 것은 좋지 않으니 주의해서 고르세요.

재료

새우(중하)	6마리
아스파라거스	3대
새송이버섯	6개
대파	½대
마늘	2쪽
생강	1톨
굴소스 · 맛술	1큰술씩
참기름	¼작은술
녹말물	3큰술
(녹말가루 · 물 3큰술씩)	
소금 · 후춧가루	조금씩
식용유	3컵

튀김옷
달걀	1개
녹말가루	1큰술

⑥ 파, 마늘, 생강을 썰거나 다진다.

⑦ 파, 마늘, 생강을 볶아 향을 낸다.

⑧ 새우, 버섯, 아스파라거스를 넣어 볶는다.

1 **새우 손질하기** 새우를 껍데기를 벗기고 내장을 뺀 뒤 꼬리의 물주머니를 잘라낸다.

2 **새송이버섯 썰기** 새송이버섯을 어슷하게 저며 썬다.

3 **아스파라거스 손질하기** 아스파라거스는 필러로 껍질을 벗기고 먹기 좋게 썬다.

4 **튀김옷 만들기** 달걀과 녹말가루를 잘 섞는다.

5 **새우 튀기기** 손질한 새우에 튀김옷을 입혀 180℃의 기름에 튀긴다.

6 **파 · 마늘 · 생강 썰기** 대파는 송송 썰고 마늘은 저며 썬다. 생강은 곱게 다진다.

7 **파 · 마늘 · 생강 볶기** 달군 팬에 식용유를 두르고 대파, 마늘, 생강을 볶아 향을 낸 뒤 맛술을 넣는다.

8 **새우 · 버섯 · 아스파라거스 볶기** ⑦에 튀긴 새우와 새송이버섯, 아스파라거스를 넣어 살짝 볶는다.

9 **간하고 녹말물 넣기** 굴소스와 소금으로 간을 하고 녹말물을 넣는다. 걸쭉해지면 참기름과 후춧가루를 뿌린다.

깔끔하면서 감칠맛이 도는
게맛살마늘소스볶음

게맛살을 살짝 튀겨 바삭함을 살리고 새콤한 소스로 마무리하면 입맛 도는 볶음 요리가 완성돼요. 담백한 게맛살을 마늘소스에 볶아 깔끔한 맛이 난답니다.

tip 바삭하게 튀기려면…
튀김은 튀김옷을 어떻게 입히냐에 따라 맛이 확 달라져요. 튀김옷을 입힐 때 녹말가루를 많이 쓰는데, 녹말가루를 골고루 얇게 묻혀야 뭉치지 않고 바삭하게 튀겨집니다. 녹말가루가 골고루 묻지 않으면 맛도 없고 지저분해 보여요.

1 게맛살을 먹기 좋게 썬다.   2 게맛살을 튀긴다.   3 채소를 썬다.

4 소스를 만든다.   5 마늘, 생강을 볶다가 채소를 넣어 볶는다.   6 튀긴 게맛살을 넣어 볶는다.

재료

게맛살	4줄
풋고추·붉은 고추	1개씩
대파	½대
마늘	2쪽
생강	1톨
맛술·참기름	조금씩
식용유	적당량
튀김옷	
달걀흰자	½개 분량
녹말가루	2큰술
소스	
다진 마늘	2큰술
간장·식초	2큰술씩
설탕·굴소스	1큰술씩
후춧가루	조금
물	5큰술

1 **게맛살 썰기** 게맛살을 3~4cm 길이로 썬다.
2 **게맛살 튀기기** 달걀흰자와 녹말가루를 섞어 튀김옷을 만든 뒤 게맛살에 입혀 기름에 튀긴다.
3 **채소 썰기** 풋고추, 붉은 고추, 대파는 잘게 썰고 마늘과 생강은 채 썬다.
4 **소스 만들기** 소스 재료를 고루 섞는다.
5 **채소 볶기** 팬에 식용유를 두르고 채 썬 마늘과 생강을 볶다가 고추와 대파를 넣고 볶는다.
6 **게맛살 넣어 볶기** ⑤에 맛술을 넣고 튀긴 게맛살을 넣어 살짝 볶는다.
7 **소스 넣어 버무리기** ⑥에 소스를 넣어 재빨리 버무린 뒤 참기름을 넣는다.

조리시간 **30분**
난이도 ★★★

바삭한 새우 맛이 살아 있는
새우브로콜리볶음

튀긴 새우와 살짝 데친 브로콜리를 함께 볶은 요리로 간장과 굴소스로 맛을 냈어요.
분홍빛 새우와 브로콜리가 어우러져 색감이 뛰어난 요리랍니다.

1 새우를 손질해 튀김옷을 입힌다.

2 새우를 기름에 튀긴다.

3 채소를 먹기 좋게 썬다.

브로콜리를 고를 때는…
브로콜리는 비타민 C가 풍부해 감기예방과 피부건강에 효과가 있어요. 항암식품으로도 잘 알려져 있지요. 봉오리가 꽉 다물어져 있고 가운데가 볼록한 것이 싱싱한 거예요.

재료

새우(중하)	8마리
브로콜리	150g
당근	¼개
대파	¼대
마늘	3쪽
생강	1톨
간장·맛술·굴소스	1큰술씩
참기름	조금
소금·후춧가루	조금씩
녹말물	4큰술
(녹말가루·물 4큰술씩)	
식용유	적당량
육수(또는 물)	½컵
튀김옷	
달걀흰자	½개 분량
녹말가루	2큰술

5 파, 마늘, 생강을 볶는다.

6 브로콜리, 당근을 넣어 볶는다.

8 녹말물을 넣고 참기름으로 맛을 낸다.

1 **새우 손질해 튀김옷 입히기** 새우를 껍데기째 씻어 꼬리의 물주머니를 잘라낸 뒤 달걀흰자와 녹말가루를 넣고 버무린다.
2 **새우 튀기기** ①의 새우를 180℃의 기름에 튀긴다.
3 **채소 썰기** 브로콜리와 당근은 먹기 좋게 썰고 대파, 마늘, 생강은 잘게 썬다.
4 **브로콜리 데치기** 끓은 물에 소금을 조금 넣고 브로콜리를 데친다.
5 **파·마늘·생강 볶기** 팬을 달궈 식용유 2큰술을 두르고 잘게 썬 대파, 마늘, 생강을 볶는다.
6 **브로콜리·당근 넣기** ⑤에 맛술과 간장을 넣고 브로콜리와 당근을 넣어 볶는다.
7 **육수 붓고 새우 넣기** ⑥에 육수를 붓고 굴소스와 후춧가루를 넣은 뒤 튀긴 새우를 넣어 30초 정도 볶는다.
8 **녹말물 넣기** 녹말물을 넣어 걸쭉하게 만든 뒤 참기름을 넣는다.

매콤한 고추 맛이 매력
새우고추볶음

풋고추와 붉은 고추를 넣어 보기에도 먹음직스러워요. 튀긴 새우의 바삭함이 일품인데다 고추의 매운 맛이 젓가락질을 멈추지 않게 하는 요리예요.

1
새우를 손질해 튀김옷을 입힌다.

2
고추와 피망을 네모나게 썬다.

4
소스를 만든다.

tip 튀김용 새우를 손질할 때는…

새우를 튀길 때는 꼬리 쪽에 붙은 물주머니를 꼭 잘라내세요. 물주머니를 떼지 않으면 튀길 때 기름이 튈 수 있거든요. 등 쪽의 내장은 이쑤시개로 빼고, 껍데기는 꼬리 쪽 한 마디를 남겨둬 손으로 집어 먹을 수 있게 하는 것이 좋아요. 새우 껍데기와 머리는 버리지 말고 두었다가 국물 낼 때 쓰세요.

재료

새우(중하)	12마리
풋고추·붉은 고추	7개씩
피망	1개
대파	¼대
마늘	1쪽
생강	½톨
고추기름	1큰술
식용유	적당량

튀김옷
달걀흰자	1개 분량
녹말가루	2큰술

소스
간장·설탕·굴소스	1큰술씩
후춧가루	조금
녹말물	3큰술
(녹말가루·물 3큰술씩)	
육수(또는 물)	2큰술

5
새우를 1분간 튀긴다.

6
채소를 볶는다.

7
새우, 소스를 넣어 볶는다.

1 **새우 손질해 튀김옷 입히기** 새우를 손질해 달걀흰자와 녹말가루를 넣고 버무린다.

2 **고추·피망 썰기** 고추와 피망은 씨를 빼고 사방 2~3cm로 네모나게 썬다.

3 **파·마늘·생강 썰기** 대파, 마늘, 생강을 잘게 썬다.

4 **소스 만들기** 소스 재료를 고루 섞는다.

5 **새우 튀기기** ①의 새우를 180℃의 기름에 1분간 튀겨 기름을 뺀다.

6 **채소 볶기** 팬에 고추기름을 두르고 붉은 고추를 볶다가 나머지 채소를 넣어 볶는다.

7 **새우·소스 넣기** ⑥에 튀긴 새우를 넣고 소스를 넣어 볶는다.

새콤달콤한 소스로 인기
새우케첩볶음

아이들뿐 아니라 어른 입맛도 사로잡는 요리예요. 먹음직스러운 새우를 튀겨서 새콤달콤한 소스에 버무려 남녀노소 누구나 좋아해요.

1 새우를 손질해 밑간한다.

2 새우에 튀김옷을 입힌다.

3 새우를 기름에 튀긴다.

 두 번 튀겨야 맛있어요

튀김은 대부분 두 번 튀겨야 맛이 좋아요. 한 번 튀겨 기름을 뺀 뒤 다시 튀기는데, 두 번째는 처음보다 높은 온도의 기름에 튀기는 것이 더 바삭해요.

 재료

새우(중하)	12마리
당근	¼개
양파	1개
피망	½개
대파	½대
마른 고추	3개
토마토케첩	5큰술
설탕	4큰술
고추기름	3큰술
식용유	적당량
물	3큰술
새우 밑간	
맛술	1작은술
소금	½작은술
튀김옷	
달걀흰자	1개 분량
불린 녹말	1컵

5 고추, 파를 볶아 향을 낸다.

7 케첩소스를 만든다.

8 새우를 소스에 버무린다.

1 **새우 손질해 밑간하기** 새우를 손질해 씻어 물기를 빼고 등을 갈라 내장을 뺀다. 소금과 맛술로 밑간한다.
2 **새우에 튀김옷 입히기** 달걀흰자에 불린 녹말을 섞은 뒤 새우를 넣어 튀김옷을 입힌다.
3 **새우 튀기기** ②의 새우를 180℃의 기름에 튀긴다.
4 **채소 썰기** 당근, 양파, 피망, 대파를 사방 1cm 크기로 썬다. 마른 고추는 씨를 털고 어슷하게 썬다.
5 **고추·파 볶기** 팬에 고추기름을 두르고 마른 고추와 대파를 볶아 향을 낸다.
6 **채소 넣어 볶기** ⑤에 당근, 양파, 피망을 넣어 볶는다.
7 **소스 만들기** ⑥에 토마토케첩, 설탕, 물을 넣어 살짝 끓인다.
8 **새우 넣어 버무리기** ⑦에 튀긴 새우를 넣고 버무리듯 볶는다.

30분

조리시간
난이도 ★★★

청경채와 쇠고기의 담백한 만남

쇠고기굴소스볶음

쇠고기와 양파, 청경채 등의 채소를 굴소스로 담백하게 볶은 요리예요.
쇠고기와 청경채의 맛이 잘 어우러져 입맛을 돋워요.

쇠고기와 양파를 채 썬다.

청경채를 썬다.

마늘을 볶아 향을 낸다.

tip 녹말물은 덩어리 없이 풀어요

중국요리는 대부분 녹말물로 농도를 맞춰요. 이때 녹말가루가 물에 잘 풀어지지 않으면 덩어리가 생겨서 소스 농도를 조절하기 어려워요. 덩어리지지 않게 충분히 풀어서 넣으세요.

재료

쇠고기	250g
청경채	3포기
양파	½개
붉은 고추	1개
마늘	2쪽
굴소스	1큰술
참기름	½큰술
소금·후춧가루	조금씩
녹말물	1큰술
(녹말가루·물 1큰술씩)	
식용유	조금

쇠고기와 양파를 볶는다.

청경채와 고추를 넣어 볶는다.

녹말물을 넣고 간을 한다.

1 **쇠고기·양파 썰기** 쇠고기는 5cm 길이로 조금 굵게 채 썰고, 양파는 1cm 폭으로 채 썬다.
2 **청경채 썰기** 청경채를 쇠고기와 비슷한 길이로 썬다.
3 **마늘·고추 썰기** 마늘은 얇게 저며 채 썰고, 붉은 고추는 반 갈라 씨를 빼고 4cm 길이로 채 썬다.
4 **마늘 볶기** 팬에 식용유를 두르고 채 썬 마늘을 볶아 향을 낸다.
5 **쇠고기·양파 볶기** 마늘 향이 우러나면 쇠고기, 양파를 넣어 볶는다.
6 **청경채·고추 넣기** 양파가 반 정도 익어 투명해지면 청경채와 붉은 고추를 넣어 볶는다.
7 **녹말물 넣고 간하기** 녹말물을 풀고 굴소스, 소금, 후춧가루로 간을 한 뒤 참기름을 뿌린다.

연하면서 쫄깃하게 씹히는
난자완스

돼지고기 완자를 채소와 함께 소스에 조렸어요. 고기를 곱게 다져서 양념해 먹기 좋게 빚었기 때문에 연하고 간이 속까지 배어 있어 맛있어요.

돼지고기를 양념해 완자를 빚는다.

버섯, 당근, 죽순을 썬다.

고추를 반 갈라 씨를 털고 썬다.

tip 완자를 예쁘게 만들려면…
돼지고기를 곱게 다져 충분히 치대어 공기를 빼야 완자를 빚을 때 갈라지지 않아요. 지질 때는 약한 불에서 서서히 익혀야 부서지지 않고 잘 익는답니다.

재료

돼지고기	250g
죽순(통조림)	30g
마른 표고버섯	2개
당근	½개
풋고추 · 붉은 고추	1개씩
대파	¼대
마늘	3쪽
달걀	½개 분량
녹말가루	1큰술
간장	1작은술
참기름 · 소금	조금씩
녹말물	2큰술
(녹말가루 · 물 2큰술씩)	
식용유	2큰술
육수	1컵
돼지고기 밑간	
생강즙	1작은술
소금 · 후춧가루	조금씩

팬에 완자를 지진다.

채소를 볶는다.

완자를 조리다가 녹말물을 넣는다.

1 **완자 빚기** 돼지고기를 곱게 다져 밑간한 뒤 푼 달걀과 녹말가루를 넣고 끈기가 생길 때까지 치대어 지름 3cm의 완자를 빚는다.

2 **파 · 마늘 썰기** 대파는 3cm 길이로 썰고, 마늘은 얇게 저민다.

3 **버섯 · 당근 · 죽순 썰기** 표고버섯은 물에 불려 저미고, 당근은 반달 모양으로 썬다. 죽순은 안쪽 틈의 하얀 석회를 긁어내고 깨끗이 씻어 얇게 썬다.

4 **고추 썰기** 풋고추, 붉은 고추를 반 갈라 씨를 털고 2cm 길이로 썬다.

5 **완자 지지기** 팬에 식용유를 넉넉히 두르고 완자를 앞뒤로 지진다.

6 **채소 볶기** 다른 팬에 식용유를 두르고 대파, 마늘을 볶다가 당근, 죽순, 표고버섯을 넣어 볶는다.

7 **육수 붓고 완자 조리기** ⑥에 육수를 붓고 간장, 소금으로 간해 끓인다. 완자를 넣어 끓이다가 녹말물을 풀어 걸쭉하게 조린다.

8 **고추 · 참기름 넣기** 풋고추와 붉은 고추를 넣고 한 번 뒤적인 뒤 참기름으로 맛을 낸다.

밥과 함께 먹기 좋은
돼지고기짜장볶음

채 썬 돼지고기를 짜장에 볶은 요리로 그냥 먹어도 밥에 얹어 먹어도 별미예요.
파를 곁들여 먹으면 맛은 물론 영양 균형도 맞출 수 있어요.

고기를 채 썰 때는…

고기를 채 썰 때는 고깃결과 직각이 되게
썰어야 질기지 않아요. 익어도 오그라들지 않고
모양이 곧아서 보기에도 좋답니다.

1. 돼지고기를 손가락 굵기로 썬다.
2. 돼지고기를 밑간해 잰다.
3. 대파를 곱게 채 썬다.

재 료

돼지고기(살코기)	300g
대파	1대
식용유	2큰술

돼지고기 밑간

간장	½큰술
맛술	1큰술
녹말가루	2큰술

짜장

춘장	2큰술
간장	½큰술
설탕·맛술	1큰술씩
녹말물	2큰술
(녹말가루·물 2큰술씩)	
식용유	2큰술
물	2큰술

5. 짜장을 만든다.
6. 돼지고기를 살짝 굽는다.
7. 짜장을 넣어 볶는다.

1 **돼지고기 썰기** 돼지고기를 살코기로 준비해 손가락 굵기로 길쭉하게 썬다.
2 **돼지고기 밑간하기** 돼지고기에 밑간양념을 넣고 주물러 20분 이상 잰다.
3 **파 썰기** 대파를 속 부분을 떼어 내고 곱게 채 썬다.
4 **춘장 볶기** 팬에 식용유를 두르고 춘장을 눋지 않게 저으면서 볶다가 짜장 향이 나면 불을 끈다.
5 **짜장 만들기** 볶은 짜장에 간장, 맛술, 설탕, 물을 넣고 좀 더 볶다가 녹말물을 넣어 걸쭉하게 졸인다.
6 **돼지고기 굽기** 팬에 식용유를 두르고 돼지고기를 넣어 70~80% 정도만 익힌다.
7 **짜장 넣어 볶기** ⑥에 짜장을 넣어 볶는다.
8 **접시에 담기** ⑦의 돼지고기짜장볶음을 접시에 담고 파채를 올린다.

조리시간 20분
난이도 ★★★

누구나 좋아하는 대표 중국요리

깐풍기

담백한 닭고기를 바삭하게 튀겨 채소와 함께 굴소스로 볶았어요.
중국요리의 대표 인기 메뉴로 손님상은 물론 아이들 영양 간식으로도 좋아요.

닭고기를 먹기 좋게 썬다.

닭고기에 튀김옷을 입힌다.

닭고기를 튀긴다.

 매콤하게 즐기려면…

매콤한 맛을 좋아한다면 두반장 소스나 매운 고추를 넣어보세요. 매콤새콤한 맛이 술안주로도 안성맞춤이에요.

채소를 볶는다.

튀긴 닭고기를 넣어 볶는다.

소스를 넣어 섞고 녹말물을 넣는다.

재료

닭고기	350g
풋고추 · 붉은 고추	1개씩
대파	⅓대
마늘	3쪽
생강	1톨
맛술	1큰술
참기름	조금
식용유	적당량

닭다리 살 밑간

맛술	1큰술
소금 · 후춧가루	조금씩

튀김옷

달걀	1개
녹말가루	2큰술

소스

식초	2큰술
간장 · 설탕	1큰술씩
굴소스 · 참기름	1큰술씩
소금	조금
녹말물	1큰술
(녹말가루 · 물 1큰술씩)	
물	3큰술

1 **닭고기 썰기** 닭고기를 먹기 좋은 크기로 썬다.
2 **닭고기 밑간하기** 닭고기에 밑간양념을 넣어 버무린다.
3 **채소 썰기** 풋고추, 붉은 고추를 반 갈라 씨를 빼고 잘게 썬다. 대파도 잘게 썰고 마늘, 생강은 저민다.
4 **닭고기에 튀김옷 입히기** 달걀과 녹말가루를 잘 섞은 뒤 닭고기를 넣어 버무린다.
5 **닭고기 튀기기** 튀김옷 입힌 닭고기를 180℃의 기름에 튀긴다.
6 **소스 만들기** 소스 재료를 모두 섞는다.
7 **채소 볶기** 팬에 식용유를 두르고 달군 뒤 채소를 볶는다.
8 **닭고기 넣어 볶기** ⑦에 맛술을 넣고 튀긴 닭고기를 넣어 볶는다.
9 **소스 섞고 녹말물 넣기** ⑧에 소스를 넣어 섞은 뒤 녹말물을 넣어 조린다. 참기름으로 맛을 낸다.

새콤달콤한 소스를 끼얹은 생선 요리

탕수조기

조기 한 마리를 통째로 튀겨 내어 탕수소스를 끼얹어 먹는 북경요리예요.
새콤달콤한 소스와 담백한 조기 살이 입 안에서 살살 녹는답니다.

목이버섯을 찬물에 불린다.

조기를 밑간해 잰다.

조기에 튀김옷을 입혀 튀긴다.

tip 흰 살 생선이 잘 어울려요

탕수조기는 조기를 튀겨서 만들어요.
겉은 바삭하면서 속은 생선살의 담백하고
부드러운 맛이 그대로 살아 있어 새콤달콤한
소스와 함께 먹으면 잘 어울리지요.
조기 대신 다른 생선을 써도 맛있는데,
담백한 흰 살 생선이 어울려요.

대파를 볶아 향을 낸다.

채소를 넣어 볶는다.

소스 양념을 넣어 끓인다.

 재료

조기	1마리
달걀	1개
밀가루	적당량
녹말가루	2큰술
식용유	적당량

조기 밑간

간장 · 맛술	1큰술씩
생강즙	2작은술

소스

마른 표고버섯	3개
목이버섯	10g
당근	30g
양파	½개
대파	½대
설탕 · 식초	3큰술씩
간장	2큰술
녹말물	3큰술
(녹말가루 · 물 3큰술씩)	
식용유	적당량
육수	1½컵

1 **버섯 불리기** 목이버섯을 찬물에 불린다. 표고버섯도 불린다.

2 **조기 밑간하기** 조기를 비늘을 긁어내고 아가미로 내장을 뺀다. 씻어서 2cm 간격으로 칼집을 넣은 뒤 밑간해 잰다.

3 **채소 · 버섯 썰기** 표고버섯, 당근, 양파, 대파는 4~5cm 길이로 채 썰고, 목이버섯은 손으로 찢는다.

4 **조기 튀기기** 조기에 밀가루를 고루 묻힌 뒤 달걀, 녹말가루를 섞은 튀김옷을 충분히 묻혀 기름에 두 번 튀긴다.

5 **파 볶기** 팬을 뜨겁게 달궈 식용유를 두르고 대파를 볶는다.

6 **채소 볶기** 파 향이 올라오면 당근, 표고버섯, 양파, 목이버섯을 넣어 함께 볶는다.

7 **소스 만들기** ⑥에 설탕, 식초, 간장, 육수를 넣어 끓이다가 녹말물을 넣어 걸쭉하게 만든다.

8 **소스 끼얹기** 접시에 튀긴 조기를 담고 소스를 끼얹는다.

기름이 쏙 빠져 느끼하지 않은

오향장육

돼지고기를 삶아 간장 양념에 조린 요리예요. 향신료를 함께 넣고 조려 돼지고기의 누린내가 없고 기름이 쏙 빠져 담백해요.

1 돼지고기를 실로 묶는다.

2 돼지고기를 5분간 삶는다.

3 향신료와 함께 한 번 더 삶는다.

tip 맛있는 오향장육을 만들려면…
향신료를 모두 주머니에 담아서 넣으면 나중에 건질 때 편해요. 사과청을 구하기 어려우면 매실청이나 올리고당을 넣어도 괜찮아요. 오향장육을 썰 때는 식혀서 썰어야 모양이 흐트러지지 않고 잘 썰려요.

재료

돼지고기(목살)	800g
실한천	3g
돼지고기 삶는 물	
팔각	3개
계피	1대
정향	3개
통후추	5개
마른 고추	1개
양파	½개
대파	2대
마늘	4쪽
생강	1톨
물	적당량
조림장	
마늘	1쪽
생강	1톨
간장	6큰술
사과청(또는 매실청)	3큰술
맛술	2큰술
곁들이	
양파	1개
대파	2대
설탕·식초	2큰술씩
소금	1큰술

조림장을 넣어 조린다.

불린 실한천을 넣어 녹인다.

돼지고기를 넣어 조린다.

1 **돼지고기 실로 묶기** 돼지고기를 돌돌 말아서 실로 묶는다.
2 **돼지고기 삶기** 끓는 물에 돼지고기를 넣고 5분 정도 삶는다.
3 **향신료 넣고 삶기** 삶은 물을 버리고 새 물을 고기가 살짝 잠길 정도로 부어 30분간 삶다가 향신료와 채소를 넣고 30분 정도 더 삶는다.
4 **조림장 만들기** 마늘과 생강을 얇게 저며 나머지 재료와 섞는다.
5 **조림장 넣어 조리기** ③의 향신료와 채소를 건져 내고 조림장을 넣어 국물이 바특해질 때까지 조린다.
6 **고기 건지기** 국물이 바닥에서 2cm 높이 정도로 남으면 고기를 건진다.
7 **실한천 녹이기** 실한천을 미리 불려두었다가 ⑥의 국물에 넣고 약한 불에서 저어가며 녹인다.
8 **돼지고기 조리기** 국물이 한 김 나가면 돼지고기를 넣고 돌려가며 조린다.
9 **돼지고기 썰기** 고기에 간이 잘 배면 식혀서 먹기 좋게 썬다.
10 **양파·파 곁들이기** 곁들이 양파와 대파를 곱게 채 썰어 식초, 설탕, 소금으로 양념해 오향장육에 곁들여 담는다.

매콤한 두반장으로 맛을 낸
두반소스오리찜

간장 양념을 한 오리살에 매콤한 소스를 끼얹어 먹는 오리찜이에요.
오리살을 한 번 쪄낸 뒤 소스로 맛을 내 느끼하지 않아요.

1 오리살에 찜 양념을 뿌려 찐다.

2 채소를 먹기 좋게 썬다.

3 채소를 두반장에 볶는다.

tip 청경채는 뿌리부터 데쳐요
청경채를 데칠 때는 길이로 반 갈라 흐르는 물에 씻은 뒤 끓는 물에 뿌리부터 넣는 것이 포인트예요. 다른 채소처럼 데친 뒤 찬물에 헹구지도 않는답니다. 기름을 조금 넣고 데치면 색깔이 더 선명해져요.

4 맛술과 간장으로 간을 맞춘다.

5 굴소스를 넣어 끓인다.

6 녹말물을 넣는다.

재료

오리살	250g
청경채	1포기
대파	½대
생강	1톨
팔각	1개
찜 양념	
간장·굴소스	2큰술씩
설탕	조금
물	2컵
소스	
피망·붉은 고추	½개씩
대파	½대
생강	1톨
마늘	2쪽
두반장·맛술	1큰술씩
고추기름·식용유	1큰술씩
간장·굴소스	½큰술씩
후춧가루	조금
녹말물	1큰술
(녹말가루·물 1큰술씩)	
물	½컵

1 **오리살 양념해 찌기** 오리살을 먹기 좋게 썰어 내열그릇에 담고 찜 양념을 뿌린 뒤 대파, 생강, 팔각을 넣어 1시간 정도 찐다.
2 **채소 썰기** 소스에 넣을 대파는 어슷하게 썰고 마늘, 생강은 저민다. 피망과 붉은 고추는 씨를 빼고 채 썬다.
3 **채소 볶기** 팬에 식용유를 두르고 ②의 채소와 두반장을 넣어 볶는다.
4 **간 맞추기** 채소가 익으면 맛술과 간장을 넣는다.
5 **굴소스 넣어 끓이기** ④에 물을 붓고 굴소스, 후춧가루를 넣어 끓인다.
6 **녹말물 넣기** 소스가 어느 정도 끓으면 녹말물을 넣어 걸쭉하게 끓인다.
7 **오리살에 소스 끼얹기** ⑥의 소스에 고추기름을 넣고 잘 섞어 오리찜 위에 끼얹는다.
8 **청경채 데쳐 곁들이기** 청경채를 끓은 물에 소금을 넣고 데쳐 오리찜에 곁들인다.

우리 입맛에 잘 맞는 구수한 맛

해물누룽지탕

바삭한 누룽지에 풍성한 해물과 여러 가지 채소가 들어간 소스를 부어 먹는 누룽지탕은 누구나 좋아하는 요리예요. 누룽지가 바삭할 때 먹어야 제 맛이에요.

1. 갑오징어를 칼집 내서 썬다.

4. 채소를 썬다.

6. 채소를 볶다가 끓인다.

tip 찹쌀누룽지가 바삭하고 고소해요

누룽지탕은 역시 누룽지가 맛있어야 요리가 돋보이죠. 그냥 누룽지도 맛있지만 찹쌀누룽지를 쓰면 더 바삭하고 고소한 맛을 느낄 수 있어요. 소스를 상에 내기 직전에 부어야 눅눅하지 않고 누룽지의 바삭한 맛을 즐길 수 있답니다.

7. 해물을 넣어 살짝 볶는다.

8. 닭육수를 부어 끓인다.

9. 녹말물을 넣는다.

재료

찹쌀누룽지	5조각
새우(중하)	4마리
갑오징어	1마리
불린 해삼	1개
죽순(통조림)	2개
마른 표고버섯	2개
청경채	1포기
피망	½개
대파	½대
마늘	4쪽
생강	1톨
간장·굴소스	½큰술씩
맛술	1큰술
녹말물	2큰술
(녹말가루·물 2큰술씩)	
참기름	1작은술
식용유	1컵

닭육수

치킨 스톡	1개
물	3컵

1 **갑오징어 썰기** 갑오징어를 손질해 칼집 내어 먹기 좋게 썬다.
2 **해물 데쳐 썰기** 갑오징어와 해삼, 새우를 각각 끓는 물에 데친다. 해삼은 저미고 새우는 살만 바른다.
3 **죽순 데치기** 죽순은 안쪽 틈의 하얀 석회를 긁어내고 깨끗이 씻은 뒤 0.5cm 두께로 썰어 데친다.
4 **버섯·채소 썰기** 표고버섯은 물에 불려 저미고, 피망은 채 썬다. 청경채는 5cm 길이로 썬다. 대파는 어슷하게 썰고, 마늘과 생강은 저민다.
5 **닭육수 끓이기** 치킨 스톡을 물에 넣고 끓인다.
6 **채소 볶다가 끓이기** 팬에 식용유 2큰술을 두르고 뜨거워지면 대파, 마늘, 생강을 넣어 볶은 뒤 간장, 굴소스를 넣어 끓이다가 채소, 버섯을 넣어 볶는다.
7 **해물 넣어 볶기** ⑥에 해물과 맛술을 넣어 재빨리 볶는다.
8 **닭육수 부어 끓이기** ⑦에 닭육수를 부어 끓인다.
9 **녹말물 넣기** 국물이 끓으면 녹말물을 넣어 걸쭉하게 만든 뒤 참기름을 넣는다.
10 **누룽지 튀기기** 찹쌀누룽지를 기름에 바삭하게 튀겨 기름을 뺀다.
11 **소스 끼얹기** 그릇에 튀긴 누룽지를 담고 소스를 듬뿍 붓는다.

PART 2

간편하고 영양 많은
한 그릇 요리

국수요리나 볶음밥, 덮밥 등은 입맛 없을 때 먹기 좋은
한 끼 메뉴예요. 별다른 반찬 없이도 맛있게 먹을 수
있고, 여러 가지 재료가 어우러져 영양 면에서도
균형 잡혀 있지요. 매일 먹는 밥과
반찬이 싫증날 때 준비하면
별미로 좋아요.

아이들이 제일 좋아하는
짜장면

짜장면은 아이들이 제일 좋아하는 메뉴지요. 채소를 듬뿍 넣어 맛과 영양이 풍부하답니다.
채소를 싫어하는 아이들에게 만들어주면 잘 먹어요.

tip 춘장을 맛있게 볶으려면…
춘장을 잘 볶아야 짜장 맛이 살아나요.
먼저 팬을 충분히 달궈서 춘장을 넣었을 때
바닥에 눌어붙지 않도록 하세요.
식용유와 춘장을 1:1 비율로 넣고 춘장이
타지 않게 불 조절을 하면서 볶으면 돼요.

1. 식용유에 춘장을 볶는다.
4. 파, 마늘로 향을 내 고기와 채소를 볶는다.
5. 춘장과 굴소스를 넣어 볶는다.

6. 물 부어 끓이다가 녹말물을 넣는다.
7. 국수를 삶아 헹군다.
8. 국수에 짜장을 끼얹는다.

재료

생면	400g
돼지고기	120g
양파	1개
애호박	⅓개
당근	¼개
양배추	½통
대파	¼대
마늘	1쪽
춘장	3큰술
굴소스·간장·설탕	2큰술씩
맛술	1큰술
후춧가루	조금
녹말물	1큰술
(녹말가루·물 1큰술씩)	
식용유	4큰술
물	1컵
돼지고기 밑간	
맛술·소금·후춧가루	조금씩

1 **춘장 볶기** 달군 팬에 식용유 3큰술을 두르고 춘장을 넣어 볶는다.
끓기 시작하면 약한 불로 줄여 10분 이상 저어 가며 볶은 뒤 체에 쏟아
기름을 뺀다.

2 **돼지고기 밑간하기** 돼지고기를 작게 썰어 밑간한다.

3 **채소 썰기** 애호박과 당근은 작게 깍둑썰기 하고, 양배추는 한 잎씩 떼어
두꺼운 줄기를 저며 내고 같은 크기로 썬다. 양파는 잘게 채 썰고 대파와
마늘은 다진다.

4 **고기·채소 볶기** 다른 팬을 달구어 식용유 1큰술을 두르고 다진 파와
마늘을 볶아 향을 낸 뒤 돼지고기를 넣어 볶다가 맛술, 간장을 넣고 양파,
애호박, 당근, 양배추 순으로 넣어 볶는다.

5 **춘장·굴소스 넣어 볶기** 채소가 익으면 볶아놓은 춘장을 넣고 볶으면서
굴소스, 설탕, 후춧가루로 양념한다.

6 **물 붓고 녹말물 넣기** ⑤에 물을 붓고 끓으면 녹말물을 조금씩 흘려
넣으면서 걸쭉하게 만든다.

7 **생면 삶기** 끓는 물에 생면을 삶아 찬물에 헹군다.

8 **짜장 끼얹기** 국수를 뜨거운 물에 살짝 데워 그릇에 담고 ⑥의 짜장을
끼얹는다.

조리시간 60분
난이도 ★★★

매콤한 국물 맛이 일품

사천짬뽕

두반장으로 만든 매콤한 양념 맛이 입맛을 살려요. 해물과 채소가 풍부하게 들어가 국물 맛이 그만이랍니다. 영양도 풍부해 한 끼 식사로 충분해요.

1 해물을 준비한다.

2 양배추, 양파, 당근을 채 썬다.

4 양념을 만든다.

 고추기름을 만들려면…

식용유를 조금 뜨거울 정도로만 데운 뒤 고춧가루를 넣고 약한 불에 살짝 볶아 식혀서 기름만 따라내세요. 이때 고운 고춧가루를 쓰면 색깔이 진하게 나와 음식이 더 맛있어 보인답니다. 저민 생강과 파 등을 함께 넣고 볶으면 향이 더 좋아요.

5 고추기름에 채소를 볶는다.

6 해물, 버섯을 넣어 볶는다.

7 멸치국물 붓고 양념을 넣어 끓인다.

재료

생면	400g
오징어	1마리
새우(중하)	12마리
바지락	15개
양배추 잎	6장
당근	½개
양파	1개
목이버섯	50g
고추기름	2큰술
소금·후춧가루	조금씩
멸치국물	6컵

양념

두반장·굴소스	2큰술씩
고춧가루	3큰술
국간장	1큰술
다진 마늘	1큰술

1 **해물 준비하기** 오징어는 껍질을 벗겨 채 썰고, 새우는 껍데기를 벗긴다. 바지락은 껍데기끼리 비벼 씻은 뒤 엷은 소금물에 반나절 동안 담가 해감을 뺀다.

2 **채소 썰기** 양배추, 당근, 양파를 굵게 채 썬다.

3 **버섯 불려 찢기** 목이버섯을 찬물에 불려 밑동을 떼고 찢는다.

4 **양념 만들기** 양념 재료를 고루 섞는다.

5 **채소 볶기** 팬에 고추기름을 두르고 양파, 양배추, 당근을 넣어 살짝 볶는다.

6 **해물·버섯 넣어 볶기** ⑤에 오징어, 새우, 바지락, 목이버섯을 넣어 볶는다.

7 **멸치국물 부어 끓이기** ⑥에 멸치국물을 부어 끓이다가 양념을 넣고 푹 끓인다.

8 **간하기** 국물 맛이 우러나면 소금, 후춧가루로 간해 한소끔 더 끓인다.

9 **생면 삶기** 끓는 물에 생면을 삶아 찬물에 헹군다.

10 **그릇에 담기** 국수를 뜨거운 물에 살짝 데워 그릇에 담고 ⑧의 국물을 붓는다.

여러 가지 해물이 한 가득
전복해물짬뽕

전복, 해삼, 새우, 오징어 등 감칠맛 나는 해물이 가득한 전복해물짬뽕은 매콤한 국물 맛이 입맛을 살려요. 해물을 골라 먹는 재미도 쏠쏠하답니다.

1. 해삼, 새우를 준비한다.
2. 채소, 버섯을 준비한다.
3. 다진 마늘, 고춧가루를 볶는다.

tip 전복 손질 요령은…
전복은 껍데기가 윤기 있고 살이 탄력 있는 것이 좋아요. 손질할 때는 솔로 이물질을 깨끗이 닦아낸 뒤 칼로 살을 떼어 내장과 이빨 부분을 잘라내세요. 내장은 버리지 말고 냉동 보관했다가 죽 끓일 때 넣으세요.

4. 양파, 애호박, 버섯을 넣어 볶는다.
5. 청경채, 해물을 넣어 볶는다.
6. 나머지 재료를 넣어 끓인다.

재료

생면	400g
전복	1개
홍합	8개
바지락	15개
오징어	1마리
새우(중하)	8마리
불린 해삼	2개
청경채	2포기
애호박	½개
양파	1개
목이버섯	50g
고춧가루	3작은술
치킨 스톡·맛술	2큰술씩
다진 마늘	1큰술
소금·후춧가루	조금씩
식용유	3큰술
물	6컵

1 **해물 준비하기** 전복과 홍합은 솔로 문질러 깨끗이 씻고, 바지락은 비벼 씻은 뒤 소금물에 담가 해감을 뺀다. 오징어는 껍질을 벗겨 먹기 좋게 썰고, 전복은 살을 떼어 썬다. 불린 해삼도 먹기 좋게 썰고, 새우는 살짝 데쳐 껍데기를 벗긴다.

2 **채소·버섯 준비하기** 청경채는 밑동을 자르고 애호박은 반 갈라 납작하게 썬다. 양파는 채 썰고 목이버섯은 찬물에 불려 밑동을 떼고 찢는다.

3 **마늘·고춧가루 볶기** 달군 팬에 식용유를 두르고 다진 마늘과 고춧가루를 볶는다.

4 **양파·애호박·버섯 넣어 볶기** 마늘 향이 나면 맛술을 넣고 양파, 애호박, 목이버섯을 넣어 볶는다.

5 **청경채·해물 넣어 볶기** 채소가 익으면 청경채와 새우, 오징어, 해삼을 넣어 볶는다.

6 **나머지 재료 넣어 끓이기** 해물이 거의 익으면 물을 붓고 치킨 스톡, 소금, 후춧가루로 간을 맞춘 뒤 홍합, 바지락, 전복을 넣어 끓인다.

7 **생면 삶기** 끓는 물에 생면을 삶아 찬물에 헹군다.

8 **그릇에 담기** 국수를 뜨거운 물에 담갔다 그릇에 담고 ⑥의 국물을 붓는다.

조리시간 40분
난이도 ★★★

얼큰하고 시원한 별미 국수
굴짬뽕

겨울철, 굴을 넣고 끓인 시원한 굴짬뽕은 다른 재료 없이도 특유의 맛과 향이 가득해요.
얼큰하게 끓여도 담백하게 끓여도 시원한 국물 맛이 좋아요.

1 목이버섯을 불려 먹기 좋게 찢는다.

2 채소를 먹기 좋게 썬다.

3 굴을 씻는다.

tip 국물이 다 되면 국수를 삶아요

국수요리는 국수가 붇지 않게 하는 것이 중요해요. 생면은 미리 삶아 놓으면 탄력이 떨어지고 맛이 없어지기 때문에 국물을 준비하면서 물을 끓여 국물이 다 될 때쯤 삶아 바로 국물을 부어내세요.

재료

생면	400g
굴	200g
목이버섯	20g
애호박	1개
양파	1개
대파	½대
고춧가루	3큰술
치킨 스톡·맛술	2큰술씩
다진 마늘	1큰술
소금·후춧가루	조금씩
식용유	3큰술
물	6컵

4 마늘과 고춧가루를 볶는다.

5 채소를 넣어 볶는다.

7 국물에 굴을 넣어 끓인다.

1 **버섯 불려 찢기** 목이버섯을 찬물에 불려 먹기 좋게 찢는다.
2 **채소 썰기** 애호박과 양파는 굵게 채 썰고 대파는 어슷하게 썬다.
3 **굴 씻기** 굴을 흐르는 물에 살짝 씻어 건진다.
4 **마늘·고춧가루 볶기** 달군 팬에 식용유를 두르고 다진 마늘과 고춧가루를 볶는다.
5 **채소 넣어 볶기** 마늘 향이 나면 맛술과 채소, 버섯을 넣어 볶는다.
6 **물 붓고 간해 끓이기** 채소가 익으면 물을 붓고 치킨 스톡, 소금, 후춧가루로 간을 맞춰 끓인다.
7 **굴 넣어 끓이기** 국물이 끓으면 굴을 넣고 더 끓인다.
8 **생면 삶기** 끓는 물에 생면을 삶아 건져 찬물에 헹군다.
9 **그릇에 담기** 국수를 뜨거운 물에 데워 그릇에 담고 ⑦의 국물을 붓는다.

조리시간 20분
난이도 ★★

닭육수와 표고버섯으로 담백하게 끓인

기스면

진하게 우려낸 닭육수에 표고버섯만 넣고 끓여 담백한 맛을 살린 기스면은 깔끔한 맛이 일품이에요. 소면을 써도 생면을 써도 다 맛있어요.

1 닭육수 재료를 끓인다.

2 육수가 우러나면 체에 거른다.

3 국간장과 소금으로 간을 맞춘다.

tip 표고버섯을 빨리 불리려면…
표고버섯은 잠길 정도의 물에 30분 정도 담가 불리면 되는데, 찬물보다 따뜻한 물에 불리면 시간을 줄일 수 있어요.
표고버섯 불린 물은 버리지 말고 국물에 넣으세요. 맛이 한결 좋아져요.

5 국물에 표고버섯을 넣는다.

6 국수를 삶아 헹군다.

7 삶은 국수를 뜨거운 물에 데운다.

재료

생면	400g
마른 표고버섯	3개
청경채	3포기
국간장	½큰술
소금	1큰술
닭육수	
닭고기	500g
대파	1대
생강	1톨
맛술	1큰술
물	6컵

1 **닭육수 내기** 냄비에 물을 붓고 끓기 시작하면 닭고기와 대파, 생강, 맛술을 넣어 중간 불에서 1시간 반 정도 끓인다.
2 **육수 거르기** 육수가 우러나면 건더기는 버리고 체에 걸러 맑은 육수를 받는다.
3 **육수에 간하기** 육수에 국간장과 소금을 넣어 간을 맞춘다.
4 **표고버섯 불려 썰기** 표고버섯을 미지근한 물에 불려 채 썬다.
5 **표고버섯·청경채 넣기** ④에 표고버섯을 넣고 마지막에 청경채를 넣어 한 번 더 살짝 끓인다.
6 **생면 삶기** 끓는 물에 생면을 삶아 찬물에 헹군다.
7 **국수 데워 그릇에 담기** 국수를 뜨거운 물에 데워 그릇에 담고 ⑤의 국물을 붓는다.

통통한 면발과 걸쭉한 국물

울면

새우, 갑오징어, 해삼 등의 해물과 갖가지 채소로 구수하게 끓인 국물에 우동국수를 넣어 만든 국수. 담백한 국물 맛에 해물과 채소가 어우러져 든든해요.

1 해물을 손질해 썬다.

2 당근과 양송이버섯을 썬다.

4 해물을 데쳐 물기를 뺀다.

tip 녹말물은 재빨리 섞어야 잘 풀려요

중국요리는 녹말물로 국물이나 볶음요리를 걸쭉하게 만드는 경우가 많은데, 녹말물을 넣고 재빨리 저어야 덩어리지지 않고 잘 풀어져요. 나무주걱으로 저으면 더 쉽게 섞을 수 있어요.

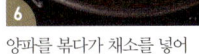
양파를 볶다가 채소를 넣어 볶는다.

녹말물을 넣는다.

달걀흰자와 참기름을 넣는다.

재료

우동국수(생면)	400g
새우(중하)	8마리
갑오징어	1마리
불린 해삼	2개
당근	½개
양파	½개
양송이버섯	5개
죽순(통조림)	30g
달걀흰자	2개 분량
간장·맛술	1큰술씩
참기름	조금
소금·후춧가루	조금씩
녹말물	1큰술
(녹말가루·물 1큰술씩)	
식용유	3큰술
물	6컵

1 **해물 손질해 썰기** 새우는 살만 발라 내장을 빼고, 갑오징어는 껍질을 벗기고 안쪽에 칼집을 넣어 한 입 크기로 썬다. 불린 해삼은 저며 썬다.

2 **당근·버섯 썰기** 당근과 양송이버섯을 얇게 썬다.

3 **양파·죽순 썰기** 양파는 채 썰고, 죽순은 안쪽 틈의 하얀 석회를 긁어내고 깨끗이 씻어 얇게 썬다.

4 **해물 데치기** 끓는 물에 소금을 조금 넣고 해물을 한꺼번에 데쳐 물기를 뺀다.

5 **우동국수 삶기** 우동국수를 삶아서 찬물에 여러 번 헹궈 물기를 뺀다.

6 **채소 볶기** 팬에 식용유를 두르고 양파를 볶다가 향이 우러나면 당근, 죽순, 버섯을 넣어 볶는다.

7 **간하고 해물 넣기** 채소가 익으면 물을 붓고 간장, 맛술, 소금, 후춧가루로 간을 한 뒤 데친 해물을 넣고 한 번 더 끓인다.

8 **농도 맞추기** 한소끔 끓으면 녹말물을 넣어 걸쭉하게 만든다.

9 **달걀흰자·참기름 넣기** 달걀흰자를 풀어 ⑧에 천천히 넣으면서 끓인 뒤 참기름을 두른다.

10 **그릇에 담기** 삶아 놓은 우동국수를 그릇에 담고 국물을 붓는다.

해물과 채소가 듬뿍
중화볶음우동

살짝 볶은 해물과 채소, 굴소스와 두반장으로 맛을 낸 볶음우동은 맛과 영양이 풍부해요.
매콤하면서 감칠맛 나는 인기 메뉴예요.

② 소스 재료를 고루 섞는다.

③ 우동국수를 삶아 헹궈 물기를 뺀다.

④ 마늘과 마른 고추를 볶다가 채소를 볶는다.

tip 국수를 덜 삶아야 쫄깃해요

볶음국수는 국수를 소스와 섞어 한 번 더 볶기 때문에 삶을 때 조금 덜 익혀야 쫄깃한 면발을 느낄 수 있어요. 끓는 물에 살짝만 삶아 건져 찬물에 헹궈두었다가 볶을 때 완전히 익히세요.

재료	
우동국수(생면)	400g
오징어 다리	2마리 분량
새우(중하)	20마리
표고버섯	4개
피망	1개
양파	1개
당근	1개
청경채	2포기
마른 고추	3개
어슷 썬 대파	2줌
다진 마늘	4큰술
참기름·소금	조금씩
식용유	2큰술
소스	
굴소스	5큰술
두반장·간장·물엿	2큰술씩
맛술	3큰술
고춧가루	2큰술

⑤ 오징어와 새우를 넣어 볶는다.

⑥ 소스를 넣어 볶는다.

⑧ 대파와 청경채를 넣어 섞는다.

1 **재료 썰기** 오징어 다리와 새우를 손질해 먹기 좋게 썬다. 버섯, 피망, 양파, 당근도 비슷한 크기로 채 썬다.
2 **소스 만들기** 소스 재료를 모두 섞는다.
3 **우동국수 삶아 헹구기** 끓는 물에 우동국수를 1분 정도 삶아 건져 찬물에 헹궈 물기를 뺀다.
4 **채소 볶기** 팬을 달궈 식용유를 두르고 다진 마늘과 마른 고추를 볶아 향을 낸 뒤 ①의 채소와 버섯을 넣어 살짝 볶는다.
5 **해물 넣어 볶기** ④에 오징어 다리와 새우를 넣어 볶는다.
6 **소스 넣어 볶기** ⑤에 소스를 넣어 좀 더 볶는다.
7 **우동국수 넣기** ⑥에 우동국수를 넣고 재빠르게 섞는다.
8 **파·청경채 넣기** ⑦에 어슷하게 썬 대파와 청경채를 넣어 섞는다.
9 **간하고 참기름 넣기** 소금으로 간하고 참기름을 넣는다.

채소와 돼지고기로 영양 균형을 맞춘

중국식 볶음밥

돼지고기와 채소를 볶다가 참기름에 볶아 지은 밥을 섞어 고소한 맛이 좋아요.
고기와 채소가 어우러져 영양도 골고루 들어 있어요.

1 버섯, 채소, 고기를 잘게 썬다.

2 참기름에 쌀을 볶는다.

3 밥을 짓는다.

tip 뜨거울 때 섞어야 겉돌지 않아요

밥이 거의 다 되어갈 때 채소를 볶기 시작하는 것이 포인트예요. 밥과 채소가 모두 뜨거울 때 섞어야 겉돌지 않고 잘 섞인답니다. 피망이나 대파는 오래 볶으면 색깔이 변하니까 마지막에 넣어 살짝만 볶으세요.

재료

쌀	3컵
돼지고기	200g
마른 표고버섯	5개
피망·붉은 피망	1개씩
죽순(통조림)	50g
대파	1대
맛술	3큰술
참기름	4큰술
소금·후춧가루	조금씩
뜨거운 물	5컵

4 버섯, 죽순, 돼지고기를 볶는다.

5 피망, 대파를 넣어 볶는다.

6 밥을 넣어 섞는다.

1 **재료 썰기** 돼지고기, 채소를 모두 사방 0.7cm 크기로 썬다. 표고버섯은 물에 불리고 죽순은 안쪽 틈의 하얀 석회를 긁어내고 깨끗이 씻어 같은 크기로 썬다.

2 **쌀 볶기** 팬에 참기름 2큰술을 두르고 뜨겁게 달궈 쌀을 볶다가 소금, 맛술을 넣는다.

3 **밥 짓기** 볶은 쌀을 냄비에 옮겨 담은 뒤 뜨거운 물을 붓고 10분 정도 끓여 밥을 짓는다.

4 **버섯·죽순·고기 볶기** 팬에 참기름 2큰술을 두르고 표고버섯, 죽순, 돼지고기를 볶는다.

5 **피망·파 넣어 볶기** ④에 피망, 대파를 넣어 볶은 뒤 소금, 후춧가루로 간을 한다.

6 **밥 넣어 섞기** ⑤에 ③의 밥을 넣어 함께 섞듯이 볶는다.

알싸한 향이 좋은 건강 밥
마늘볶음밥

몸에 좋은 마늘을 저며 썰어 튀기듯이 볶은 뒤 밥과 달걀, 대파를 넣어 함께 볶았어요.
마늘향이 가득한 건강 볶음밥이에요.

1 마늘을 저며 썬다.

2 대파를 송송 썬다.

3 달걀을 고루 푼다.

tip 재료를 따로 볶아 섞어요

볶음밥을 만들 때 들어 가는 재료는 모두 따로 볶아서 나중에 섞듯이 가볍게 볶아야 더 맛있어요. 하나의 프라이팬에 재료를 계속 더해 볶으면 재료 본연의 맛을 잃어버리기 쉬울 뿐 아니라 모양이 흐트러지고, 재료가 타기도 쉽답니다.

재료

밥	3공기
마늘	10쪽
대파	½대
완두(통조림)	4큰술
달걀	3개
참기름	1작은술
소금	조금
식용유	적당량

4 마늘을 노랗게 튀긴다.

5 달걀을 볶는다.

6 밥과 나머지 재료를 넣어 볶는다.

1 **마늘 썰기** 마늘을 저며 썬다.
2 **대파 썰기** 대파를 송송 썬다.
3 **달걀 풀기** 달걀을 젓가락으로 잘 저어 푼다.
4 **마늘 튀기기** 팬에 식용유를 두르고 마늘을 노릇하게 튀긴다.
5 **달걀 볶기** 다시 팬을 달궈 식용유 2큰술을 두르고 풀어 놓은 달걀을 부어 휘저으면서 볶는다.
6 **밥·재료 넣어 볶기** 달걀이 익으면 밥과 대파, 완두, 튀긴 마늘을 넣어 볶는다.
7 **간하고 참기름 넣기** 소금으로 간을 하고 좀 더 볶아 밥이 노릇해지면 참기름을 넣어 맛을 낸다.

달걀 하나로 쉽게 만드는
달걀볶음밥

다른 재료 없이 달걀만으로 담백하게 볶은 달걀볶음밥은 바쁠 때 만들어 먹기 좋아요. 간단하면서도 영양 많은 한 끼가 된답니다.

1 달걀을 풀어 간을 한다.

2 달걀을 볶는다.

3 밥을 고슬고슬하게 볶는다.

tip 된 밥으로 볶아야 맛있어요

볶음밥에 쓰는 밥은 조금 되게 짓는 것이 좋아요. 밥이 고슬고슬해야 다른 재료와 잘 섞이고 맛도 좋답니다. 달걀이 들어갈 경우에는 달걀이 완전히 익은 뒤에 밥을 넣고 볶아야 잘 볶아져요.

재료

밥	3공기
달걀	3개
간장	2큰술
참기름	2큰술
깨소금	1큰술
소금	조금
식용유	3큰술

4 밥에 간장을 넣어 볶는다.

5 밥에 달걀을 넣어 섞는다.

6 참기름, 깨소금으로 맛을 낸다.

1 **달걀 풀기** 달걀을 풀어 소금으로 간을 한다.
2 **달걀 볶기** 달군 팬에 식용유를 두르고 풀어 놓은 달걀을 부어 휘저으면서 볶는다.
3 **밥 볶기** 다시 팬에 식용유를 두르고 달군 뒤 밥을 넣어 고슬고슬하게 볶는다.
4 **간장 넣어 볶기** 밥이 어느 정도 볶아지면 간장을 넣고 골고루 볶는다.
5 **달걀 넣어 섞기** ④에 볶아 놓은 달걀을 넣어 잘 섞는다.
6 **참기름·깨소금 넣기** 참기름과 깨소금을 넣어 맛을 낸다.

조리시간 **30분**
난이도 ★★

입 안에서 톡톡 터지는 맛
날치알게맛살볶음밥

씹을 때마다 입 안에서 톡톡 터지는 날치알과 쫄깃한 게맛살이 씹는 맛까지 살려줘요.
입맛에 따라 여러 채소를 넣으면 더 맛있어요.

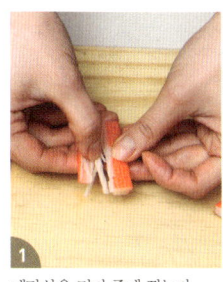
1 게맛살을 먹기 좋게 찢는다.

2 채소를 잘게 썬다.

3 단호박과 당근을 볶는다.

tip 날치알은 살짝 볶아요
날치알은 오래 볶거나 세게 저으면 터져서 모양도 안 나고 맛도 떨어져요. 다른 재료가 거의 다 볶아지면 마지막에 넣고 살살 섞듯이 볶으세요. 볶지 말고 볶음밥 위에 올려서 내도 돼요.

재료	
밥	3공기
날치알	30g
게맛살	2줄
단호박·당근	1개씩
양파	1개
피망·붉은 피망	½개씩
소금·후춧가루	조금씩
식용유	2큰술

양파, 피망을 넣어 볶는다.

게맛살을 넣어 볶는다.

밥과 날치알을 넣어 볶는다.

1 **게맛살 찢기** 게맛살을 4등분해 먹기 좋게 찢는다.
2 **채소 썰기** 단호박, 당근, 양파, 피망, 붉은 피망을 잘게 썬다.
3 **단호박·당근 볶기** 달군 팬에 식용유를 두르고 단호박과 당근을 먼저 볶는다.
4 **양파·피망 넣어 볶기** ③에 양파와 피망을 넣어 볶는다.
5 **게맛살 넣어 볶기** 채소가 익으면 게맛살을 넣어 볶다가 소금, 후춧가루로 간을 한다.
6 **밥·날치알 넣기** 게맛살이 익으면 밥과 날치알을 넣고 살짝 섞듯이 볶는다.

해물과 채소가 푸짐한
잡탕밥

해물과 버섯, 채소가 듬뿍 들어가 보기만 해도 푸짐해요. 맛이 담백하면서 굴소스로 간을 해 감칠맛이 나고 해물의 풍미가 살아 있어요.

1 목이버섯을 물에 불려 찢는다.

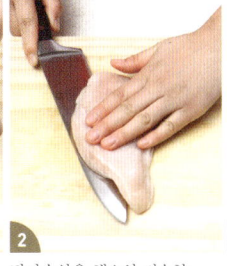
2 닭가슴살을 채소와 비슷한 크기로 썬다.

3 오징어를 닭가슴살과 비슷한 크기로 썬다.

tip 치킨 스톡을 쓰면 편해요

닭육수를 내기가 번거롭다면 시판하는 치킨 스톡이나 치킨 브로스를 써도 좋아요. 물만 붓고 끓이면 되어 간편하게 닭육수를 만들 수 있답니다. 마트나 온라인 쇼핑몰에서 살 수 있어요.

재료

밥	3공기
칵테일 새우	300g
조개관자	2개
오징어	1마리
닭가슴살	2쪽
양송이버섯	4개
목이버섯	10g
당근	½개
청경채	3포기
양파	1개
굴소스	3큰술
간장·맛술	2큰술씩
다진 마늘	2큰술
소금·후춧가루	조금씩
녹말물	3큰술
(녹말가루·물 3큰술씩)	
식용유	2큰술
닭육수	4컵

5 채소와 버섯을 볶는다.

6 닭가슴살과 육수를 넣어 끓인다.

8 녹말물을 넣고 간을 한다.

1 **목이버섯 불려 찢기** 목이버섯을 찬물에 불려 밑동을 떼고 찢는다.

2 **양송이·채소 썰기** 양송이버섯과 당근은 얇게 썰고, 청경채는 반 자른다. 양파는 채 썬다.

3 **닭가슴살 썰기** 닭가슴살을 채소와 비슷한 크기로 얇게 썬다.

4 **해물 준비하기** 칵테일 새우는 엷은 소금물에 씻어 건지고, 조개관자는 얇은 막을 벗기고 닭가슴살과 비슷한 두께로 썬다. 오징어도 껍질을 벗겨 비슷한 길이로 썬다.

5 **채소·버섯 볶기** 팬에 식용유를 두르고 달궈 다진 마늘과 양파를 볶는다. 향이 나면 당근을 넣어 볶다가 목이버섯과 양송이버섯을 넣고 볶는다.

6 **닭가슴살·육수 넣어 끓이기** ⑤에 닭가슴살을 넣어 볶다가 맛술과 간장을 넣고 볶은 뒤 닭육수를 부어 끓인다.

7 **해물 넣어 끓이기** 어느 정도 끓으면 굴소스로 맛을 내고 해물을 넣어 끓인다.

8 **녹말물 넣고 간하기** 녹말물을 넣어 걸쭉하게 만든 뒤 소금, 후춧가루로 간을 맞춘다. 청경채를 넣고 불을 끈다.

9 **그릇에 담기** 그릇에 밥을 담고 ⑧의 소스를 끼얹는다.

30분

조리시간
난이도 ★★

굴소스로 볶아 감칠맛 나는
베이컨새우볶음밥

베이컨과 새우를 듬뿍 넣어 씹히는 맛이 좋아요. 색색의 피망과 파프리카가 들어가 아이들이 좋아한답니다.

1 새우를 소금물에 데쳐 물기를 걷는다.

3 채소를 잘게 썬다.

3 베이컨을 먹기 좋게 썬다.

 달걀을 넣으려면…

달걀을 넣고 볶아도 맛있어요. 달걀을 넣을 경우에는 달걀을 미리 볶아 놓았다가 볶음밥이 거의 다 되었을 때 넣고 함께 섞으세요. 일찍 넣으면 달걀이 너무 익어 뻣뻣해져요.

 **재료**

밥	3공기
베이컨	6장
칵테일 새우	250g
피망·붉은 피망	½개씩
노란 파프리카	½개
당근	½개
양파	½개
어슷 썬 대파	3큰술
다진 마늘	3큰술
굴소스	3큰술
후춧가루	조금
식용유	3큰술

4 마늘을 볶다가 베이컨을 볶는다.

5 채소, 새우를 넣어 볶는다.

6 밥을 넣고 쉿듯이 볶는다.

1 **새우 데치기** 칵테일 새우를 소금물에 데쳐 물기를 뺀다.
2 **채소 썰기** 피망, 파프리카, 양파, 당근을 잘게 썬다.
3 **베이컨 썰기** 베이컨을 먹기 좋게 썬다.
4 **베이컨 볶기** 달군 팬에 식용유를 두르고 다진 마늘을 볶다가 마늘이 노릇해지면 베이컨을 넣어 볶는다.
5 **채소·새우 넣어 볶기** ④에 채소와 새우를 넣어 볶는다.
6 **밥 넣어 볶기** 양파가 투명해지면 밥을 넣고 고루 섞어 볶는다.
7 **간하고 파 넣기** 굴소스로 간을 맞추고 후춧가루를 뿌린다. 마지막에 대파를 넣고 1분 정도 볶는다.

쫄깃한 당면이 입에 착 붙는

잡채밥

당면과 여러 가지 채소를 볶아 밥에 곁들여 먹는 잡채밥은 우리에게 익숙한 메뉴예요. 쫄깃한 당면과 채소가 어우러져 푸짐한 맛을 즐길 수 있어요.

쇠고기를 밑간해 녹말가루를 묻힌다.

표고버섯을 채 썰어 밑간한다.

당면을 삶아서 밑간한다.

tip 당면은 살짝 삶아야 쫄깃해요
당면은 너무 오래 삶으면 퍼져서 맛이 없으니 주의하세요. 당면을 삶아서 찬물로 헹군 뒤 기름을 조금 넣고 버무려두면 시간이 지나도 탱탱한 면발을 유지할 수 있어요.

재료

밥	3공기
당면	300g
쇠고기	100g
마른 표고버섯	8개
피망 · 붉은 피망 · 양파	1개씩
대파	1대
녹말가루	3큰술
참기름 · 깨소금	1큰술씩
식용유	적당량

당면 밑간
간장	2큰술
설탕	4작은술
참기름	2작은술

쇠고기 밑간
간장 · 설탕	2작은술씩
맛술 · 다진 마늘	1큰술씩
참기름	1작은술
후춧가루	조금

표고버섯 밑간
간장 · 참기름	2작은술씩
설탕	1작은술

소스
굴소스 · 간장	2큰술씩
참기름 · 깨소금	2큰술씩
다진 마늘	2작은술
물	4큰술

쇠고기를 볶다가 양파를 넣어 볶는다.

피망, 표고버섯, 대파를 넣어 볶는다.

당면과 소스를 넣어 버무린다.

1 **쇠고기 밑간하기** 쇠고기를 5cm 길이로 채 썰어 밑간양념에 20분간 재웠다가 녹말가루를 넣고 버무린다.

2 **표고버섯 썰어 밑간하기** 표고버섯을 미지근한 물에 불려 채 썰어 밑간양념에 잰다.

3 **당면 삶아 밑간하기** 끓는 물에 당면을 삶은 뒤 밑간해 간이 배게 둔다.

4 **채소 썰기** 피망, 양파, 대파를 채 썬다.

5 **소스 만들기** 소스 재료를 고루 섞는다.

6 **쇠고기 · 양파 볶기** 달군 팬에 식용유를 넉넉히 두르고 쇠고기를 볶다가 채 썬 양파를 넣어 센 불에서 살짝 볶는다.

7 **피망 · 버섯 · 파 넣어 볶기** 쇠고기가 익으면 피망, 표고버섯, 대파를 넣어 살짝 볶는다

8 **당면 · 소스 넣어 버무리기** ⑦에 당면과 소스를 넣어 섞는다. 간이 배면 참기름, 깨소금을 뿌린다.

9 **그릇에 담기** 그릇에 밥을 담고 ⑧의 잡채를 올린다.

새우와 오징어가 듬뿍
해물덮밥

여러 가지 해물과 채소로 만든 소스를 듬뿍 끼얹어 맛과 영양이 푸짐한 한 그릇 요리.
입맛에 따라 좋아하는 재료를 넣어 만들어도 좋아요.

tip 향신채소는 팬을 달군 뒤에 볶아요

중국요리는 향을 내는 과정이 많아요.
마늘이나 생강, 고추, 파 등을 볶아 향을 낸 뒤
건져내기도 하고 그대로 조리하기도 하지요.
이때 팬을 뜨겁게 달군 다음 향신채소를 넣고
살짝 볶아야 향이 잘 난답니다.

1 새우의 껍데기를 벗기고 내장을 뺀다.
2 오징어의 내장을 빼고 껍질을 벗긴다.
3 양송이, 죽순, 오징어를 썬다.

5 양송이, 죽순을 볶는다.
6 해물을 넣어 볶는다.
7 완두를 넣고 간을 한다.

 재료

밥	3공기
새우(중하)	15마리
오징어	1마리
양송이버섯	4개
죽순(통조림)	80g
완두(통조림)	3큰술
대파	1대
마늘	6쪽
생강	조금
간장	4큰술
맛술·굴소스	2큰술씩
참기름	2작은술
소금·후춧가루	조금씩
녹말물	3큰술
(녹말가루·물 3큰술씩)	
식용유	3큰술
물	1컵

1 **새우 손질하기** 새우를 살만 발라 내장을 뺀다.
2 **오징어 손질하기** 오징어는 내장을 빼고 굵은 소금을 묻혀 껍질을 벗긴다.
3 **양송이·죽순·오징어 썰기** 양송이버섯은 도톰하게 썰고, 죽순은 안쪽 틈의 하얀 석회를 긁어내고 깨끗이 씻어 채 썬다. 오징어는 안쪽에 칼집을 내어 먹기 좋게 썬다.
4 **파·마늘·생강 썰기** 대파는 길게 썰고, 마늘은 저미고, 생강은 다진다.
5 **양송이·죽순 볶기** 달군 팬에 식용유를 두르고 마늘, 생강, 대파를 볶다가 간장을 넣고 양송이버섯, 죽순을 넣어 볶는다.
6 **해물·굴소스 넣어 볶기** ⑤에 새우, 오징어를 넣고 맛술과 굴소스를 넣어 볶는다.
7 **완두 넣고 간하기** ⑥에 물과 완두를 넣고 소금, 후춧가루로 간해 익힌다.
8 **녹말물 넣기** 녹말물을 넣어 걸쭉하게 만든 뒤 참기름을 넣는다.
9 **그릇에 담기** 그릇에 밥을 담고 ⑧의 소스를 끼얹는다.

두반장으로 매콤하게 맛낸

사천식 마파두부덮밥

매콤한 두반장과 굴소스로 마파두부를 만들어 밥에 얹은 사천식 요리예요.
느끼함이 덜하고 부드러워서 어르신들도 먹기 좋아요.

1 채소와 돼지고기를 다지거나 썬다.

2 두부를 썰어 데친다.

3 마파소스를 만든다.

tip 참기름으로 풍미를 살려요
불에서 내리기 직전에 참기름을 조금 넣고 살짝 버무리면 음식의 풍미가 살아나요. 이때 아주 조금만 넣어야 음식 고유의 맛을 떨어뜨리지 않는답니다.

4 팬을 달궈 채소와 돼지고기를 볶는다.

5 마파소스를 넣어 섞는다.

7 녹말물을 넣는다.

재료

밥	3공기
두부	2모
돼지고기	300g
청양고추	4개
붉은 고추	2개
대파	1대
마늘	5쪽
고추기름	3큰술
참기름	1작은술
녹말물	4큰술
(녹말가루·물 4큰술씩)	
물	1컵

마파소스

두반장·굴소스	2큰술씩
올리고당	2큰술
고춧가루	2큰술
간장	2작은술
맛술	1큰술
후춧가루	조금
물	5큰술

1 **채소·돼지고기 다지기** 청양고추와 붉은 고추, 돼지고기를 잘게 다진다. 대파는 송송 썰고, 마늘은 굵게 다진다.
2 **두부 썰어 데치기** 두부를 깍둑깍둑 썰어 끓는 물에 소금을 넣고 살짝 데친다.
3 **소스 만들기** 마파소스 재료를 고루 섞어둔다.
4 **채소·돼지고기 볶기** 달군 팬에 고추기름을 두르고 마늘, 대파, 고추를 타지 않게 볶아 향을 낸 뒤 다진 고기를 넣어 다시 한 번 볶는다.
5 **소스 넣어 섞기** 고기가 거의 익으면 마파소스를 넣어 골고루 섞는다.
6 **두부 넣어 끓이기** ⑤에 물을 붓고 팔팔 끓인 뒤 두부를 넣어 잠시 더 끓인다.
7 **녹말물 넣기** 두부에 간이 배면 녹말물을 넣어 걸쭉하게 만든 뒤 참기름을 두른다.
8 **그릇에 담기** 그릇에 밥을 담고 ⑦의 마파두부를 올린다.

진하면서 담백한 맛
게맛살수프

닭육수에 게맛살과 팽이버섯을 넣고 끓여 진하면서도 담백해요. 국간장으로 간을 해 우리 입맛에도 잘 맞는답니다.

1 닭육수를 만든다.

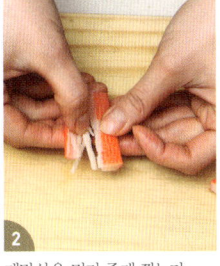
2 게맛살을 먹기 좋게 찢는다.

3 팽이버섯을 썬다.

tip 달걀흰자는 미리 풀어 놓아요
수프에 달걀흰자를 넣으면 더 맛깔스럽게 보이고 영양 면에서도 균형을 맞출 수 있어요.
달걀흰자는 미리 덩어리 없이 고루 섞어놓으세요. 그래야 국물에 넣었을 때 고루 퍼져요.

재료

게맛살	3줄
팽이버섯	30g
달걀흰자	1개 분량
물	1큰술
국간장·참기름	2작은술씩
맛술·소금	1작은술씩
녹말물	3큰술
(녹말가루·물 3큰술씩)	
닭육수	
닭고기	300g
대파	1대
생강	1톨
물	4컵

6 닭육수에 재료를 넣어 끓이다가 간을 한다.

7 녹말물을 넣어 걸쭉하게 만든다.

8 달걀흰자를 풀어넣는다.

1 **닭육수 내기** 냄비에 닭육수 재료를 넣고 끓인다.
2 **게맛살 찢기** 게맛살을 4등분해 먹기 좋게 찢는다.
3 **팽이버섯 썰기** 팽이버섯을 밑동을 잘라내고 반으로 썬다.
4 **달걀흰자 풀기** 달걀흰자와 물을 섞어 풀어둔다.
5 **닭육수 끓이기** 우묵한 팬을 달군 뒤 닭육수를 부어 끓인다.
6 **게맛살·버섯 넣고 간하기** 육수가 끓으면 게맛살과 팽이버섯을 넣고 맛술을 넣어 한 번 더 끓인 뒤 국간장, 소금으로 간을 맞춘다.
7 **녹말물 넣기** ⑥이 바글바글 끓으면 녹말물을 넣고 빨리 저어 걸쭉하게 만든다.
8 **달걀흰자·참기름 넣기** ⑦에 풀어놓은 달걀흰자를 넣고 저어 끓인다. 마지막에 참기름을 넣는다.

조리시간 40분
난이도 ★★★

닭고기가 들어 있어 든든한
애호박달걀수프

부드럽고 영양이 풍부해 간단한 아침식사 대용으로 좋아요. 닭고기와 애호박의 씹는 맛이 살아 있고 담백한 맛이 그만이에요.

1 애호박을 채 썬다.

3 닭고기를 삶아 찢는다.

4 대파, 생강을 볶는다.

tip 달걀을 천천히 저어야 깔끔해요

수프에 달걀흰자를 넣을 때는 넣고 나서 끓어오르면 젓는 것이 좋아요. 넣자마자 휘저으면 국물이 탁하고 지저분해진답니다. 달걀흰자를 넣고 센 불에서 살짝만 끓이는 것도 중요해요.

5 애호박, 닭고기를 넣어 볶는다.

6 육수를 부어 끓이다가 간한다.

8 달걀흰자를 넣어 섞는다.

재료

닭고기(살코기)	300g
애호박	1개
대파	½대
생강	2톨
달걀흰자	2개 분량
간장	2큰술
소금	조금
녹말물	5큰술
(녹말가루·물 5큰술씩)	
식용유	3큰술
닭육수	5컵

1 **애호박 썰기** 애호박을 채 썬다.
2 **파·생강 썰기** 대파는 어슷하게 썰고 생강은 얇게 저민다. 달걀흰자도 풀어둔다.
3 **닭고기 삶아 찢기** 닭고기를 끓는 물에 삶아서 결대로 찢는다.
4 **파·생강 볶기** 달군 팬에 식용유를 두르고 대파, 생강을 넣어 볶는다.
5 **애호박, 닭고기 넣어 볶기** 향이 나면 생강을 건지고 애호박과 닭고기를 넣어 볶는다.
6 **육수 부어 끓이기** 애호박이 익으면 닭육수를 부어 팔팔 끓인 뒤 간장으로 색을 내고 소금으로 간을 맞춘다.
7 **녹말물 넣기** ⑥에 녹말물을 넣고 고루 저어 걸쭉하게 끓인다.
8 **달걀흰자 넣기** ⑦에 풀어놓은 달걀흰자를 넣고 끓어오르면 살짝 저으면서 한 번 더 끓인다.

PART 3

부담 없이 즐기는
간식 & 후식

중국의 간식거리와 후식은 푸짐한 요리와는 또 다른
맛으로 다가와요. 간단한 요리지만 재료가 다양하고
영양도 풍부해 어른아이 모두 좋아한답니다.
출출할 때 부담 없이 즐길 수 있는
간식과 달콤한 후식 메뉴를
소개할게요.

담백하고 쫄깃한 맛
해물딤섬

오징어와 조갯살을 곱게 다져 넣고 새우를 올려 찐 해물딤섬은 담백하고 씹는 맛이 좋아요. 모양도 이국적이어서 구미를 당긴답니다.

tip 새우는 껍데기째 먹어도 좋아요

새우는 고단백 저칼로리 식품으로 키토산이 많아 스태미나에 좋아요. 살뿐만 아니라 껍데기와 알에도 몸에 좋은 성분이 많기 때문에 중국요리에서는 통째로 요리하는 경우가 많답니다.

1. 오징어를 손질해 다진다.   2. 조갯살을 곱게 다진다.   3. 죽순을 다진다.

4. 양파를 다져 절여 물기를 짠다.   5. 딤섬 소를 만든다.   6. 딤섬 피에 소를 올려 감싼다.

재료

딤섬 피	40장
새우살	40개
오징어	1마리
조갯살	100g
죽순(통조림)	100g
양파	¼개
미나리	½단
달걀흰자 · 녹말가루	1큰술씩
맛술	1큰술
참기름	2작은술
소금 · 후춧가루	조금씩

1 **오징어 손질해 다지기** 오징어는 내장을 빼고 씻어 껍질을 벗긴 뒤 곱게 다진다.
2 **조갯살 다지기** 조갯살은 엷은 소금물에 살살 흔들어 씻어 곱게 다진다.
3 **죽순 다지기** 죽순은 안쪽 틈의 하얀 석회를 긁어내고 깨끗이 씻어 곱게 다진다.
4 **양파 절여 물기 짜기** 양파를 다져서 소금에 절인 뒤 물기를 꼭 짠다.
5 **소 만들기** 오징어, 조갯살을 한데 담고 소금, 후춧가루, 맛술, 녹말가루, 달걀흰자, 참기름을 넣어 반죽한 뒤 죽순과 양파를 넣어 고루 섞는다.
6 **미나리 데치기** 미나리를 줄기만 다듬어 끓는 물에 데친다.
7 **딤섬 만들기** 딤섬 피에 소를 올리고 감싸 모양을 낸 다음 데친 미나리로 묶는다.
8 **찜기에 찌기** 딤섬에 새우살을 올려 김이 오른 찜기에 찐다.

부드러운 닭가슴살이 듬뿍
닭고기딤섬

부드러운 닭가슴살과 표고버섯을 곱게 다져 넣은 닭고기딤섬은 영양 간식으로 아주 좋아요.
한 입에 쏙 먹기도 좋고 기름기가 없어 맛도 담백해요.

1 닭가슴살을 곱게 다진다.

2 표고버섯을 불려서 다진다.

3 다진 양파를 절여 물기를 짠다.

tip 재료와 모양을 바꾸면 색다라요
중국식 만두의 하나인 딤섬은 다양한 재료로
여러 가지 모양을 만들 수 있어요.
입맛에 따라 좋아하는 재료도 넣어보고,
모양도 바꿔보세요. 재미도 있고
색다른 요리를 맛보는 즐거움도 있어요.

4 딤섬 소를 만든다.

5 딤섬을 만든다.

6 찜기에 딤섬을 찐다.

재 료

딤섬 피	40장
닭가슴살	4쪽
마른 표고버섯	2개
양파	¼개
맛술 · 녹말가루	1큰술씩
참기름	2작은술
소금 · 후춧가루	조금씩

1 **닭가슴살 다지기** 닭가슴살을 곱게 다진다.
2 **표고버섯 불려 다지기** 표고버섯을 미지근한 물에 불려 기둥을 떼고 면 보자기에 싸서 물기를 꼭 짠 뒤 곱게 다진다.
3 **양파 절여 물기 짜기** 양파를 다져서 소금물에 절인 뒤 물기를 꼭 짠다.
4 **소 만들기** 닭가슴살, 표고버섯, 양파를 한데 담고 소금, 후춧가루, 맛술, 녹말가루, 참기름을 넣어 끈기가 나게 오랫동안 반죽한다.
5 **딤섬 만들기** 딤섬 피에 소를 넣고 감싼 뒤 끝을 비틀어 오므린다.
6 **찜기에 찌기** 김이 오른 찜기에 딤섬을 안쳐서 찐다.

잣가루를 넣어 달콤, 고소한
단호박딤섬

단호박을 쪄서 체에 내린 다음 잣가루를 섞어 담백한 맛을 최대한 살린 딤섬이에요.
고기를 좋아하지 않는 사람에게 인기가 있어요.

1 단호박을 손질한다.

2 손질한 단호박을 찐다.

3 찐 단호박을 체에 내려 물기를 날린다.

 딤섬을 튀겨도 맛있어요

딤섬을 쪄서 끓는 기름에 한 번 살짝 튀겨 먹어도 맛있어요. 고소한 맛이 더해져 색다른 딤섬을 즐길 수 있답니다.

재료

딤섬 피	40장
단호박	1개
잣	2큰술
소금	조금

4 잣을 가루 내어 섞는다.

5 딤섬을 만든다.

6 찜기에 딤섬을 찐다.

1 **단호박 손질하기** 단호박을 큼직하게 토막 내 껍질을 벗기고 씨를 긁어낸다.
2 **단호박 찌기** 손질한 단호박을 찜통에 찐다. 껍질을 벗기지 말고 전자레인지에 익혀도 된다.
3 **체에 내리기** 찐 단호박을 체에 내려 냄비에 담고 소금을 넣어 저으면서 물기를 날려보낸다.
4 **잣가루 섞기** 잣을 가루 내어 단호박에 넣고 섞는다.
5 **딤섬 만들기** 딤섬 피에 ④의 소를 올리고 감싸 오므린다.
6 **찜기에 찌기** 김이 오른 찜기에 딤섬을 안쳐서 찐다.

조리시간 **40분**
난이도 ★★

쫀득하면서 부드러운
물만두

돼지고기와 부추가 어우러진 소가 일품이에요. 간식으로는 물론 한 끼 식사로도 손색이 없지요. 입맛에 따라 소 재료를 바꿔도 좋아요.

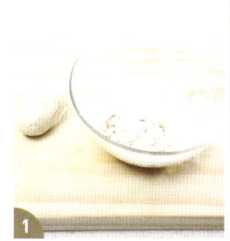
1 밀가루를 반죽해 비닐에 싸 둔다.

2 반죽을 밀어 만두피를 만든다.

3 부추와 생강을 준비한다.

tip 초간장을 맛있게 만들려면…

간장, 식초, 설탕만 섞은 초간장이 진하게 느껴지면 다시마국물이나 생수를 간장과 같은 양으로 섞어보세요. 맛이 훨씬 순해져요. 여기에 풋고추를 송송 썰어넣거나 양파를 조금 다져 으면 풍미가 더 좋아진답니다.

4 만두소를 만든다.

5 삼각형의 만두를 빚는다.

6 끓는 물에 만두를 삶는다.

재료

만두피
밀가루	2컵
소금	1작은술
뜨거운 물	6큰술

만두소
다진 돼지고기	200g
부추	½단
생강	2톨
간장·물	2큰술씩
참기름	조금
소금·후춧가루	조금씩

초간장
간장	1큰술
설탕	½작은술
식초	1작은술
통깨	조금

1 **밀가루 반죽하기** 밀가루를 체에 내려 뜨거운 물과 소금을 넣고 치대어 반죽한다. 비닐에 싸서 30분 정도 두어 끈기가 생기게 한다.

2 **만두피 만들기** 도마 위에 밀가루를 뿌리고 ①의 반죽을 올려 얇게 민 뒤 사방 5cm 크기로 네모나게 자른다.

3 **부추·생강 준비하기** 부추는 잘게 썰고 생강은 다진다.

4 **만두소 만들기** 돼지고기에 다진 생강, 간장, 물을 넣어 부드럽게 반죽한 뒤 부추, 소금, 후춧가루, 참기름을 넣어 골고루 섞는다.

5 **만두 빚기** 만두피에 만두소를 1큰술 정도 올리고 대각선으로 접은 뒤 가장자리를 눌러 붙인다.

6 **만두 삶기** 끓는 물에 만두를 넣어 삶는다. 만두가 떠오르면 건져 그릇에 담는다.

7 **초간장 곁들이기** 초간장을 만들어 물만두에 곁들인다.

맛있는 고기소가 꽉 찬
군만두

쇠고기와 당면, 부추, 양파를 넣고 만든 군만두는 누구나 좋아하는 간식이에요.
고기를 따로 양념하고 재료를 각각 볶으면 맛이 더 살아요.

1 밀가루를 반죽해 비닐에 싸둔다.

2 반죽을 밀어 만두피를 만든다.

3 쇠고기를 양념해 볶는다.

tip 물을 넣고 뜸들이면 부드러워요

군만두는 너무 오래 구우면 겉이 딱딱해져요. 만두의 앞뒤가 노릇해지면 물을 조금 넣고 재빨리 뚜껑을 닫아 센 불에서 30초간 뜸들이듯 익히세요. 겉은 바삭하면서 속은 부드러운 군만두가 돼요.

재료

만두피
밀가루	2컵
소금	1작은술
물	7큰술

만두소
다진 쇠고기	200g
부추	¼단
양파	1개
당면	50g
참기름·소금	조금씩
식용유	적당량

쇠고기 양념
간장	1큰술
설탕	½큰술
다진 파	1큰술
다진 마늘	½큰술
참기름·깨소금	조금씩
후춧가루	조금

초간장
간장	1큰술
설탕	½작은술
식초	1작은술
통깨	조금

7 만두소를 만든다.

8 반달 모양의 만두를 빚는다.

9 팬에 만두를 굽는다.

1 **밀가루 반죽하기** 밀가루에 소금과 물을 넣고 반죽해 비닐에 싸서 30분 정도 둔다.

2 **만두피 만들기** ①의 반죽을 조금씩 떼어 지름 7cm 정도로 둥글고 얇게 민다.

3 **쇠고기 양념해 볶기** 다진 쇠고기를 양념해 식용유를 조금 두른 팬에 볶는다.

4 **부추 썰기** 부추를 다듬어 씻어 1cm 길이로 썬다.

5 **양파 썰어 볶기** 양파를 가늘게 채 썰어 팬에 참기름을 두르고 볶다가 소금으로 간한다.

6 **당면 불려 볶기** 당면을 미지근한 물에 불린 뒤 잘게 썰어 참기름을 두르고 볶다가 소금으로 간한다.

7 **만두소 만들기** 볶은 쇠고기, 부추, 볶은 양파와 당면을 섞어 만두소를 만든다.

8 **만두 빚기** 만두피에 소를 올리고 반달 모양으로 접어 만두를 빚는다.

9 **팬에 굽기** 달군 팬에 식용유를 두르고 만두를 넣어 센 불에 지지다가 물을 1큰술 정도 넣고 불을 줄여 뜸을 들인다.

10 **초간장 곁들이기** 초간장을 만들어 군만두에 곁들인다.

상큼하고 부드러운 달걀요리
토마토달걀볶음

달걀을 볶다가 살짝 데친 토마토를 넣고 함께 볶아내는 달걀요리예요.
간식으로도 좋고 간단한 식사로도 손색 없어요.

1 달걀을 풀어 간을 한다.

2 토마토를 데쳐 작게 썬다.

3 대파를 어슷하게 썬다.

tip 중국 식초는 신맛이 덜해요
중국 식초는 검은 빛깔이 나면서 일반 식초보다 신맛이 덜해요. 중국 식초 대신 포도와 와인으로 만든 발사믹 식초를 써도 돼요. 일반 식초에 생수를 조금 섞어서 써도 비슷한 맛을 낼 수 있어요.

재 료

달걀	6개
토마토	2개
대파	2대
다진 마늘	1큰술
중국 식초	1큰술
설탕 · 소금	조금씩
식용유	2큰술

팬에 달걀을 볶는다.

토마토, 설탕을 넣어 볶는다.

대파, 중국 식초를 넣어 볶는다.

1 **달걀 풀기** 달걀을 풀어 소금으로 간을 한다.
2 **토마토 데쳐 썰기** 토마토는 칼집을 내서 끓는 물에 데친 뒤 껍질을 벗겨 먹기 좋게 썬다.
3 **파 썰기** 대파를 어슷하게 썬다.
4 **달걀 볶기** 팬에 식용유를 두르고 달군 뒤 달걀을 붓고 젓가락으로 휘저으며 볶는다.
5 **토마토 · 설탕 넣어 볶기** 달걀이 반쯤 익으면 토마토와 설탕을 넣어 함께 볶는다.
6 **파 · 식초 넣어 볶기** ⑤에 대파와 중국 식초를 넣어 살짝 볶는다.

조리시간 30분
난이도 ★★★

캐슈너트의 고소함이 가득

닭고기 캐슈너트 볶음

여러 가지 채소에 구운 닭고기와 캐슈너트를 넣어 조금 맵게 볶은 요리. 캐슈너트가 씹힐 때마다 고소함이 입 안에 퍼져요.

1 닭고기를 손질해 썬다.

2 닭고기에 옷을 입혀 튀기듯이 지진다.

3 청경채를 살짝 데친다.

tip 땅콩, 은행을 넣어도 좋아요
캐슈너트 대신 땅콩이나 호두, 은행 등을 넣어도 맛있어요. 고소하고 씹는 맛이 좋은 견과는 닭고기와 잘 어울린답니다. 여러 가지 견과로 다양한 맛을 즐기세요.

재료

닭고기(안심)	300g
캐슈너트	50g
양송이버섯	3개
초고버섯(통조림)	50g
베이비 콘(통조림)	3개
청경채	3포기
당근	⅓개
붉은 양파	½개
붉은 고추	1개
마늘	2쪽
굴소스	½큰술
고추기름	1큰술
참기름	1작은술
소금·후춧가루	조금씩
식용유	적당량
튀김옷	
달걀흰자	2개 분량
녹말가루	2큰술
소금	조금

5 양송이버섯과 초고버섯을 썬다.

7 캐슈너트를 볶는다.

9 재료를 모두 넣어 볶는다.

1 **닭고기 썰기** 닭고기는 힘줄을 떼고 먹기 좋은 크기로 썬다.
2 **닭고기 지지기** 닭고기에 소금, 달걀흰자, 녹말가루를 넣고 버무린 뒤 식용유를 넉넉히 두른 팬에 튀기듯이 지진다.
3 **청경채 데치기** 끓는 물에 소금을 넣고 청경채를 살짝 데친다.
4 **채소 썰기** 당근, 붉은 양파, 붉은 고추는 닭고기 크기로 썰고 마늘은 저민다.
5 **버섯 썰기** 양송이버섯은 저며 썰고 초고버섯은 세로로 반 자른다.
6 **베이비 콘 썰기** 베이비 콘을 1cm 크기로 동그랗게 썬다.
7 **캐슈너트 볶기** 팬에 식용유 2큰술을 두르고 캐슈너트를 노릇하게 볶는다.
8 **마늘·양파 볶기** 팬에 고추기름을 두르고 마늘과 붉은 양파를 볶는다.
9 **재료 넣어 볶기** ⑧에 당근, 양송이버섯, 초고버섯을 넣어 볶다가 닭고기, 캐슈너트, 청경채, 베이비 콘, 고추를 넣는다.
10 **간하고 참기름 넣기** 굴소스, 소금, 후춧가루로 간을 맞추고 참기름을 넣는다.

조리시간 30분
난이도 ★★★

새콤달콤, 모두가 좋아하는
파인애플탕수육

새콤달콤한 파인애플탕수육은 아이들 입맛을 사로잡는 별식이에요. 다양한 채소를 넣어 영양을 더하면 더 좋아요.

1 돼지고기를 썰어 밑간한다.

2 돼지고기에 튀김옷을 입힌다.

3 돼지고기를 두 번 튀긴다.

tip 돼지고기는 맛술로 밑간해요
중국요리에는 돼지고기 요리가 많은데, 꼭 돼지고기를 맛술로 밑간해서 써요. 맛술에 재두면 누린내가 없어지고 고기도 연해져요. 맛술 대신 생강즙을 넣어도 같은 효과를 볼 수 있어요.

4 파인애플, 양파, 당근을 썬다.

7 소스를 끓이다가 녹말물을 넣는다.

8 피망, 돼지고기를 넣어 버무린다.

재료

돼지고기(살코기)	200g
식용유	적당량
돼지고기 밑간	
간장·맛술	1큰술씩
튀김옷	
녹말가루	2큰술
물	1큰술
소스	
파인애플(통조림)	4개
마른 표고버섯	3개
양파·당근	½개씩
피망·붉은 피망	½개씩
파인애플 시럽	3큰술
토마토케첩	2큰술
간장·식초	2큰술씩
맛술·녹말가루	1큰술씩
육수	½컵

1 **돼지고기 밑간하기** 돼지고기를 먹기 좋게 썰어 간장, 맛술로 밑간한다.

2 **튀김옷 입히기** 녹말가루와 물을 섞어 돼지고기에 넣고 버무린 뒤 서로 달라붙지 않도록 식용유 2큰술을 뿌려 섞는다.

3 **두 번 튀기기** 180℃의 기름에 돼지고기를 바삭하게 튀겨 기름을 뺀다. 떨어진 기름 온도가 다시 올라가면 한 번 더 튀긴다.

4 **파인애플·양파·당근 썰기** 파인애플은 6등분하고 양파, 당근은 파인애플과 비슷한 크기로 썬다.

5 **피망·버섯 썰기** 피망은 반 갈라 씨를 도려낸 뒤 양파와 비슷한 크기로 썰고, 표고버섯도 물에 불려 물기를 꼭 짠 뒤 기둥을 떼고 같은 크기로 썬다.

6 **소스 재료 볶기** 팬을 달궈 식용유를 두르고 양파를 볶다가 양파가 투명해지면 표고버섯, 당근, 파인애플을 넣고 센 불에서 재빨리 볶는다.

7 **육수 붓고 녹말물 넣기** ⑥에 육수를 붓고 파인애플 시럽, 토마토케첩, 식초, 간장을 넣어 끓인 뒤 녹말물을 넣어 걸쭉하게 만든다.

8 **피망·돼지고기 넣어 버무리기** 소스가 한소끔 끓으면 피망을 넣어 살짝 끓인 뒤 튀긴 돼지고기를 넣어 버무린다.

쫄깃하고 바삭한 북경식 탕수육
꿔바로우

북경식 탕수육으로 잘 알려진 인기 메뉴예요. 돼지고기에 찹쌀가루를 묻혀 튀겨 쫄깃하면서 바삭한 맛이 일품이에요.

1 돼지고기를 썰어 밑간한다.

2 돼지고기에 튀김옷을 입힌다.

3 돼지고기를 기름에 튀긴다.

tip 불린 녹말을 입혀 튀겨도 좋아요

튀김옷으로 찹쌀가루나 불린 녹말을 입히면 쫄깃하고 잘 벗겨지지도 않아요. 불린 녹말은 녹말가루에 찬물을 넉넉히 붓고 잘 갠 뒤 2~3시간 그대로 두어 가라앉은 앙금이에요. 맑은 윗물을 따라내고 쓰면 돼요.

4 다진 마늘을 볶는다.

5 소스 재료를 넣어 끓인다.

6 녹말물로 농도를 맞춘다.

재료

돼지고기(안심)	300g
식용유	적당량
돼지고기 밑간	
굴소스	½큰술
맛술·생강즙	1큰술씩
다진 마늘	1작은술
튀김옷	
달걀	2개
찹쌀가루	1큰술
소스	
두반장	2큰술
토마토케첩·맛술	1큰술씩
스위트칠리소스·물	1큰술씩
식초	½큰술
다진 마늘	1작은술
녹말물	1큰술
(녹말가루·물 1큰술씩)	
식용유	조금

1 **돼지고기 밑간하기** 돼지고기를 먹기 좋은 크기로 넓적하게 썰어 밑간양념에 10분 정도 잰다.
2 **튀김옷 입히기** 달걀을 푼 뒤 밑간한 돼지고기에 달걀, 찹쌀가루 순으로 튀김옷을 입힌다.
3 **돼지고기 튀기기** 180℃의 기름에 돼지고기를 노릇하게 튀긴다.
4 **마늘 볶기** 팬에 식용유를 두르고 다진 마늘을 볶는다.
5 **소스 끓이기** 마늘이 노릇해지면 녹말물을 뺀 나머지 소스 재료를 넣어 바글바글 끓인다.
6 **농도 맞추기** 소스가 어느 정도 끓으면 녹말물을 넣어 걸쭉하게 만든다.
7 **소스 끼얹기** 튀긴 돼지고기를 그릇에 담고 소스를 끼얹거나 따로 낸다.

쫄깃한 닭다리살과 아삭한 채소의 만남
유린기

바삭하게 튀긴 닭다리살에 매콤 새콤한 소스를 끼얹고 양상추와 양파를 곁들였어요.
쫄깃한 닭다리살과 아삭아삭한 채소가 어우러진 요리예요.

1 채소를 썰거나 뜯는다.

2 소스를 끓인다.

3 닭다리살을 손질해 밑간한다.

tip 양상추와 함께 먹으면 좋아요

기름진 음식에는 수분이 많은 양상추가 잘 어울려요. 함께 먹으면 맛은 물론 영양 면에서도 도움이 된답니다. 닭다리살에 칼집을 내어 튀기면 빨리 익고 더 바삭하게 튀겨져요.

4 닭다리살에 튀김옷을 입힌다.

5 닭다리살을 두 번 튀긴다.

6 양상추, 양파, 소스를 올린다.

재료

닭다리살	4쪽
양파 · 양상추	½개씩
식용유	적당량
닭다리 살 밑간	
간장 · 맛술	1작은술씩
튀김옷	
달걀	1개
녹말가루	2큰술
소스	
풋고추 · 붉은 고추	½개씩
대파	¼대
간장 · 맛술	2큰술씩
설탕 · 식초 · 핫소스	3큰술씩
물엿	1큰술
다진 마늘	1작은술
다진 생강	½작은술
참기름	1작은술
육수	½컵

1 **채소 준비하기** 양파는 채 썰고 양상추는 손으로 먹기 좋게 뜯는다. 대파와 고추는 송송 썬다.
2 **소스 만들기** 팬에 소스 재료를 넣고 약한 불에 5분간 끓인다.
3 **닭다리살 밑간하기** 닭다리살을 칼등으로 두들겨 납작하게 만든 뒤 칼집을 내고 맛술, 간장으로 밑간한다.
4 **튀김옷 입히기** 달걀을 푼 뒤 닭다리살에 달걀, 녹말가루 순으로 튀김옷을 입힌다.
5 **두 번 튀기기** 180℃의 기름에 닭다리살을 두 번 튀긴다.
6 **소스 끼얹기** 닭다리살을 먹기 좋게 썰어 그릇에 담고 양상추, 양파를 올린 뒤 소스를 끼얹는다.

아이들 입맛에 딱 맞는

깐쇼새우

쫄깃한 새우를 바삭하게 튀겨서 토마토케첩을 넣은 소스에 버무렸어요.
새콤달콤한 맛이 좋아 아이들이 좋아하는 요리 중의 하나예요.

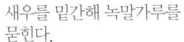
새우를 밑간해 녹말가루를 묻힌다.

튀김옷을 만든다.

새우에 튀김옷을 입혀 튀긴다.

tip 불린 녹말은 차갑게 준비해요
중국요리에서는 녹말가루를 찬물에 개어 가라앉힌 불린 녹말을 튀김옷으로 많이 써요. 이때 불린 녹말을 냉장고에 넣어두었다가 튀김옷을 만들면 잘 벗겨지지 않고 쫄깃한 맛이 나요.

재료

새우(중하)	12마리
녹말가루	2큰술
식용유	적당량
새우 밑간	
맛술·소금·후춧가루	조금씩
튀김옷	
달걀흰자	½개 분량
불린 녹말	4큰술
소스	
풋고추·붉은 고추	1개씩
대파	½대
다진 마늘	1큰술
토마토케첩	5큰술
설탕	4큰술
식초·맛술	1큰술씩
두반장	1작은술
식용유	조금
물	⅓컵

고추, 파, 마늘을 볶는다.

나머지 소스 재료를 넣어 끓인다.

튀긴 새우를 소스에 버무린다.

1 **새우 손질하기** 새우는 살만 발라 내장을 빼고 씻어 물기를 뺀다.
2 **밑간해 녹말가루 입히기** 손질한 새우를 밑간해 녹말가루를 묻힌다.
3 **튀김옷 만들기** 불린 녹말과 달걀흰자를 섞어 튀김옷을 만든다.
4 **새우 튀기기** 새우에 튀김옷을 입혀 180℃의 기름에 바삭하게 튀긴다.
5 **고추·파·마늘 볶기** 고추와 대파를 다져서 다진 마늘과 함께 식용유를 조금 두른 팬에 볶는다.
6 **소스 끓이기** 향이 나면 고추와 나머지 소스 재료를 넣어 끓인다.
7 **소스에 버무리기** 튀긴 새우를 소스에 넣고 고루 버무린다.

겉은 바삭, 속은 쫄깃
새우춘권

새우 살과 게맛살, 붉은 고추를 춘권피로 돌돌 말아 튀겼어요. 한 입 베어 물면 춘권피가 바삭하게 부서지면서 통새우 살이 쫄깃하게 씹혀요.

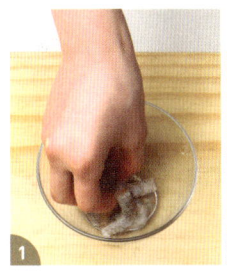
1 새우를 손질해 밑간한다.

2 붉은 고추를 채 썬다.

3 게맛살을 채 썬다.

tip 튀김에는 달걀물을 준비해요
튀김을 하려면 달걀물이 필요한데, 달걀에 물을 1.5:1의 비율로 섞어 잘 저으면서 알끈을 풀어야 해요. 또 춘권을 말 때 춘권피 끝부분에 달걀물을 살짝 발라 붙이면 튀길 때 벌어지지 않아요.

재료

춘권피	8장
새우(중하)	8마리
게맛살	2줄
붉은 고추	2개
달걀	2개
물	2큰술
식용유	적당량

새우 밑간

맛술·소금	1큰술씩
후춧가루	조금

4 춘권피에 재료를 넣어 돌돌 만다.

5 춘권에 달걀물을 묻힌다.

6 노릇하게 튀겨 기름을 뺀다.

1 **새우 손질해 밑간하기** 새우는 살만 발라 내장을 빼고 연한 소금물에 흔들어 씻어 물기를 뺀 뒤 밑간한다.
2 **고추 썰기** 붉은 고추를 반 갈라 씨를 뺀 뒤 가늘게 채 썬다.
3 **게맛살 썰기** 게맛살을 6cm 길이로 채 썬다.
4 **춘권 말기** 춘권피 위에 새우와 붉은 고추, 게맛살을 가지런히 놓고 돌돌 만다.
5 **달걀물 묻히기** 달걀을 풀어 ④의 춘권에 묻힌다.
6 **튀기기** 180℃의 기름에 노릇노릇하게 튀겨서 종이타월에 올려 기름을 뺀다.

담백하고 든든한 영양 간식
두부춘권

볶은 쇠고기와 표고버섯을 두부 사이에 넣고 춘권피로 감싸서 튀긴 요리예요.
영양 많고 든든해 간식은 물론 간단한 식사로도 손색없어요.

두부를 썰어 간한다.

표고버섯을 불려서 다진다.

재료를 볶아 소를 만든다.

 소 재료는 물기를 빼요

춘권처럼 소를 넣어 튀김을 할 경우에는 소에 들어가는 재료의 물기를 꼭 짜야 해요. 소에 물기가 많으면 튀길 때 춘권피가 터지거나 탈 수 있어요.

두부에 소를 넣고 마주 덮는다.

두부를 춘권피로 감싼다.

노릇하게 튀겨 기름을 뺀다.

재료	
춘권피	8장
두부	2모
마른 표고버섯	4개
다진 쇠고기	50g
다진 양파	4큰술
달걀	1개
밀가루	3큰술
간장	1작은술
설탕	½작은술
다진 마늘	1작은술
소금·후춧가루	조금씩
식용유	적당량

1 **두부 썰어 간하기** 두부를 0.5cm 두께로 썰어 소금과 후춧가루를 뿌려놓는다.
2 **물기 닦기** 두부에서 물기가 배어 나오면 종이타월로 물기를 걷는다.
3 **표고버섯 준비하기** 표고버섯을 물에 불려 기둥을 떼고 면 보자기로 감싸서 물기를 꼭 짠 뒤 다진다.
4 **소 만들기** 팬을 달궈 식용유를 조금 두르고 다진 양파, 다진 표고버섯, 다진 쇠고기 순으로 넣어 볶다가 간장, 설탕, 다진 마늘, 소금, 후춧가루를 넣어 볶는다.
5 **두부에 소 넣기** 두부에 밀가루를 묻히고 털어낸 뒤 소를 얹고 다시 두부를 덮는다.
6 **춘권피로 싸기** 춘권피 가장자리에 달걀물을 바른 뒤 가운데에 ⑤의 두부를 놓고 감싼다.
7 **튀기기** 끓는 기름에 ⑥의 춘권을 노릇하게 튀겨 종이타월에 올려 기름을 뺀다.

달콤해서 후식으로도 좋은
바나나춘권

바나나 속에 단팥을 넣고 춘권피로 돌돌 말아 튀긴 간식이에요. 겉은 바삭하고 속은 달콤해서 아이들이 좋아할 뿐 아니라 후식으로 내도 인기 있어요.

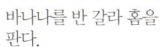
바나나를 반 갈라 홈을 판다.

바나나 홈에 단팥을 넣는다.

껍질을 벗기고 춘권피로 만다.

tip 바삭하게 튀기려면…
중국요리에는 춘권피를 이용한 요리가 많아요.
소만 바꿔도 다양한 맛을 낼 수 있지요.
춘권피 두 장을 겹쳐서 말아 튀기면 한결 더 바삭바삭해요.

튀김옷을 입힌다.

노릇하게 튀겨 기름을 뺀다.

썰어서 접시에 담는다.

재료

춘권피	8장
바나나	2개
단팥(통조림)	4큰술
슈거파우더	적당량
식용유	적당량
튀김옷	
달걀노른자	1개 분량
튀김가루	⅓컵
얼음물	⅓컵

1 **바나나 홈파기** 바나나의 양끝을 조금씩 잘라내고 길이로 반 가른 뒤 작은 숟가락으로 가운데에 길게 홈을 판다.
2 **바나나에 단팥 넣기** 바나나의 홈에 단팥을 넣고 나머지 반쪽으로 덮는다.
3 **춘권피로 말기** ②의 바나나를 껍질을 벗기고 2등분한 뒤 춘권피로 돌돌 만다.
4 **튀김옷 입히기** 얼음물에 달걀노른자를 풀고 튀김가루를 섞어 튀김옷을 만든 뒤 ③의 춘권을 담갔다가 꺼낸다.
5 **튀기기** 끓는 기름에 ④의 춘권을 노릇하게 튀겨서 종이타월에 올려 기름을 뺀다.
6 **썰어 담기** 기름이 빠지면 반으로 썰어 접시에 담고 슈거파우더를 뿌린다.

중국의 길거리 음식
요우티아오

우리의 꽈배기처럼 길거리에서 흔히 볼 수 있는 튀김 빵이에요. 바삭하고 고소한 맛이 좋은 요우티아오는 중국에서 간단한 아침식사로도 많이 먹어요.

1. 밀가루에 설탕을 넣는다.

2. 우유에 이스트를 넣는다.

3. 골고루 반죽한다.

tip 강력분을 써야 쫄깃해요

밀가루는 단백질과 전분 함량에 따라 강력분, 중력분, 박력분으로 나뉘어요. 요우티아오는 단백질과 전분이 많은 강력분으로 만들어야 발효가 잘 되고 쫄깃쫄깃해요.

재료

밀가루(강력분)	200g
이스트	1작은술
설탕	1큰술
우유	1½컵
소금	조금
식용유	적당량

4. 면 보자기를 덮어 발효시킨다.

5. 노릇하게 튀긴다.

6. 기름을 뺀다.

1 **밀가루·설탕 섞기** 밀가루에 설탕을 넣어 섞는다.
2 **우유에 이스트 넣기** 우유에 이스트를 넣어 섞는다.
3 **반죽하기** ①의 밀가루에 ②의 우유를 천천히 부으면서 골고루 반죽한다.
4 **발효시키기** 물기가 있는 면 보자기로 덮어 2시간 동안 발효시킨다.
5 **튀기기** 발효된 반죽을 납작하게 만들어 170℃ 기름에 튀긴다.
6 **기름 빼기** 색이 노릇하게 나면 건져서 기름을 뺀다.

달콤한 중국식 맛탕
고구마빠스

기름에 설탕을 넣고 끓이다가 고구마를 넣어 튀긴 고구마빠스는 중국의 맛탕이라고 할 수 있어요. 익숙한 맛이어서 아이들이 잘 먹어요.

1. 고구마를 썰어 물에 담근다.

2. 고구마를 건져 말린다.

3. 기름에 설탕을 넣어 끓인다.

tip 다양한 맛을 즐겨요

고구마빠스는 후식으로 많이 나오는데 마지막에 뿌리는 가루를 바꿔 다양한 맛을 내면 좋아요. 깨나 다진 땅콩 외에도 호두, 아몬드, 호박씨 등 다양한 견과나 씨를 다져서 뿌리면 고소한 맛을 낼 수 있어요.

4. 불을 올려 고구마를 튀긴다.

5. 윤기가 나면 고구마를 건진다.

6. 참깨, 검은깨, 다진 땅콩을 뿌린다.

재료

고구마(큰 것)	2개
설탕	5큰술
참깨 · 검은깨	1작은술씩
다진 땅콩	1작은술
식용유	적당량

1. **고구마 준비하기** 고구마를 깨끗이 씻은 뒤 껍질째 한 입 크기로 네모나게 썰어 물에 잠깐 담가둔다.
2. **고구마 말리기** 고구마를 건져 접시에 펼쳐놓고 20분간 말린다.
3. **기름에 설탕 넣어 끓이기** 깊은 팬에 식용유를 고구마가 잠길 만큼 넉넉히 붓고 설탕을 넣어 설탕이 녹을 때까지 약한 불에서 젓지 말고 가만히 끓인다.
4. **고구마 튀기기** 설탕이 완전히 녹으면 중간불로 올리고 고구마를 넣어 노릇하게 튀긴다.
5. **기름 빼기** 설탕이 녹아 고구마와 어우러지고 윤기가 나면 꺼내 기름을 뺀다.
6. **깨 · 다진 땅콩 뿌리기** 기름이 빠지면 참깨, 검은깨, 다진 땅콩을 뿌린다.

고소한 호두의 달콤한 변신
호두빠스

호두를 설탕과 꿀에 버무린 뒤 기름에 튀겼어요. 한 입에 쏙쏙 먹기도 좋고, 달콤하면서도 고소한 맛이 일품이에요.

1. 설탕과 꿀을 녹인다.

2. 호두를 넣어 볶는다.

3. 호두를 체에 거른다.

tip 오븐에 구우면 담백해요
호두를 튀기는 것이 기름져서 입맛에 맞지 않는다면 오븐에 구워보세요. 버터를 바른 팬에 호두를 넓게 펼쳐서 오븐에 구우면 기름지지 않고 담백해요.

4. 호두를 노릇하게 튀긴다.

5. 기름을 뺀다.

6. 튀긴 호두에 설탕을 뿌려 버무린다.

재료

호두	400g
설탕	⅔컵
꿀	1큰술
물	¾컵
식용유	적당량

1 **설탕·꿀 녹이기** 넓은 팬에 설탕 ½컵, 꿀, 물을 넣고 약한 불에서 고루 저어 녹인다.
2 **호두 넣어 볶기** 설탕과 꿀이 녹으면 호두를 넣고 골고루 버무리듯이 볶는다.
3 **체에 거르기** 설탕과 꿀이 호두와 어우러지고 바특하게 졸면 체에 밭쳐 거른다.
4 **호두 튀기기** 끓는 기름에 ③의 호두를 살짝 튀긴다.
5 **기름 빼기** 색이 노릇해지면 체에 밭쳐 기름을 뺀다.
6 **설탕 뿌리기** 기름이 빠지면 나머지 설탕을 뿌려 골고루 버무린다.

조리시간 20분
난이도 ★★★

시럽에 버무린 과일 후식

바나나탕

달콤한 후식을 즐기는 중국에서 바나나탕은 어디서나 빠지지 않는 단골 메뉴예요.
바나나를 튀겨 시럽에 버무려 맛이 독특해요.

1 바나나를 먹기 좋게 썬다.

2 튀김옷을 만든다.

3 식용유에 설탕을 녹인다.

tip 덜 익은 바나나로 만들어요
바나나를 튀겨내는 바나나탕은 조금 덜 익어서 살이 단단한 바나나로 만드는 게 좋아요. 무른 바나나를 쓰면 뭉그러져서 모양이 예쁘게 되지 않을 수 있어요.

재료	
바나나	2개
식용유	적당량
튀김옷	
달걀	1개
튀김가루	3큰술
물	1큰술
시럽	
설탕	4큰술
식용유	1큰술

4 갈색이 되면 불을 끈다.

5 바나나를 노릇하게 튀긴다.

6 튀긴 바나나를 시럽에 버무린다.

1 **바나나 썰기** 바나나는 껍질을 벗기고 3~4토막으로 썬다.
2 **튀김옷 만들기** 달걀을 잘 푼 뒤 물과 튀김가루를 넣어 가볍게 섞는다.
3 **설탕 녹이기** 약한 불에 팬을 올리고 식용유를 1큰술 두른 뒤 설탕을 넣어 젓지 말고 그대로 둔다.
4 **불 끄기** 설탕이 녹아 갈색이 되면 불에서 내린다.
5 **바나나 튀기기** 바나나에 튀김옷을 고루 입혀 180℃의 기름에 노릇하게 튀긴다.
6 **시럽에 버무리기** 튀긴 바나나가 뜨거울 때 ④의 시럽에 넣어 고루 버무린다.

PART 4

진짜 중국의 맛
중국 가정식

외국 음식의 맛을 제대로 느끼려면 그 나라 사람들이
즐겨 먹는 음식을 먹어야지요. 중국인들이
자주 먹는 음식 중에 우리 입맛에도
잘 맞는 메뉴를 골랐어요. 중국요리 중의
중국요리로 진짜 중국의 맛을
즐겨보세요.

50분

조리시간

난이도 ★★★★

고기와 해물, 버섯이 어우러진
유산슬

돼지고기와 새우는 튀기고 버섯과 죽순은 살짝 데쳐 채소와 함께 소스에 버무렸어요.
여러 가지 재료가 푸짐하게 들어가 맛이 풍부해요.

1 고기, 해삼, 표고버섯, 죽순을 썬다.

3 팽이버섯, 부추를 썬다.

5 돼지고기, 새우에 튀김옷을 입혀 튀긴다.

tip 고기는 결과 직각으로 썰어요

유산슬에는 돼지고기나 쇠고기 어떤 것을 써도 좋아요. 고기를 채 썰 때는 고깃결과 직각이 되게 써세요. 익어도 오그라들지 않아 모양이 좋고 먹을 때 질기지도 않아요.

재료

돼지고기	50g
새우(중하)	3마리
불린 해삼	2개
죽순(통조림)	60g
마른 표고버섯	3개
팽이버섯	20g
부추	10g
대파	½대
마늘	2쪽
생강	1톨
굴소스·간장·맛술	1큰술씩
참기름	½작은술
녹말물 (녹말가루·물 2큰술씩)	2큰술
식용유	적당량

튀김옷

달걀흰자	1개 분량
녹말가루	2큰술

6 해삼, 표고버섯, 죽순을 데친다.

7 고기, 해물, 버섯, 채소를 볶는다.

8 녹말물을 넣는다.

1 **고기·해삼·표고버섯·죽순 썰기** 돼지고기, 해삼은 가늘게 채 썰고, 표고버섯도 물에 불려 같은 두께로 썬다. 죽순은 안쪽 틈의 하얀 석회를 긁어내고 깨끗이 씻어 얇게 썬다.

2 **새우 준비하기** 새우를 손질해 등에 칼집을 넣는다.

3 **팽이버섯·부추 썰기** 팽이버섯은 밑동을 잘라 낸 뒤 반 자르고, 부추는 4cm 길이로 썬다.

4 **파·마늘·생강 썰기** 대파는 반 갈라 4cm 길이로 썰고, 마늘과 생강은 저민다.

5 **고기·새우 튀김옷 입혀 튀기기** 돼지고기와 새우에 각각 녹말가루와 달걀흰자를 넣고 버무려 기름에 튀긴다.

6 **해삼·표고버섯·죽순 데치기** 해삼, 표고버섯, 죽순을 끓는 물에 데쳐 물기를 뺀다.

7 **볶기** 팬에 식용유 2큰술을 두르고 대파, 마늘, 생강을 볶다가 맛술, 간장, 굴소스를 넣고 돼지고기, 새우, 해삼, 죽순, 표고버섯을 넣어 볶는다. 부추, 팽이버섯을 넣고 한 번 더 버무리듯이 볶는다.

8 **녹말물 넣기** 녹말물을 넣어 걸쭉하게 만든 뒤 참기름을 넣는다.

조리시간 30분
난이도 ★★★

땅콩이 통째로 씹히는 닭고기 요리

궁보계정

네모나게 썬 닭고기를 튀겨 땅콩과 함께 간장, 굴소스로 볶은 요리예요.
땅콩을 통째로 넣어 씹을 때마다 고소함이 입 안 가득 퍼져요.

1 닭가슴살을 네모나게 썬다.

2 채소를 썬다.

3 소스를 만든다.

tip 궁보계정이란…

궁보계정(宮保鷄丁)은 중국말로 '꽁바오지띵'이라고 해요. 청나라 때 사천성의 총독을 맡은 정보정(丁寶楨)을 위해 만든 요리로 당시 그의 관직이 꽁바오(宮保)인 데서 이름이 유래되었어요. 지(鷄)는 닭고기, 띵(丁)은 두껍고 각 지게 썬다는 뜻이랍니다.

재료

닭가슴살	2쪽
땅콩	20개
대파	½대
마늘	1쪽
생강	½톨
마른 고추	2개
고추기름	조금
식용유	적당량

튀김옷

달걀흰자	½개 분량
녹말가루	1작은술

소스

굴소스 · 간장 · 설탕	1큰술씩
후춧가루	조금
녹말물	1큰술
(녹말가루 · 물 1큰술씩)	
물	2큰술

4 닭가슴살을 튀긴다.

5 땅콩을 튀긴다.

7 닭고기, 땅콩, 소스를 넣어 섞는다.

1 **닭가슴살 썰기** 닭가슴살을 2×2cm 크기로 네모나게 썬다.
2 **채소 썰기** 대파는 반 갈라 4cm 길이로 썰고, 마늘과 생강은 저민다. 마른 고추는 어슷하게 썬다.
3 **소스 만들기** 소스 재료를 모두 섞는다.
4 **닭가슴살 튀기기** 달걀흰자와 녹말가루를 섞은 뒤 닭가슴살에 고루 입혀 180℃의 기름에 튀긴다.
5 **땅콩 튀기기** 땅콩도 살짝 튀겨 놓는다.
6 **고추기름에 채소 볶기** 팬에 고추기름을 두르고 마른 고추를 볶다가 대파, 마늘, 생강을 넣어 살짝 볶는다.
7 **닭고기 · 땅콩 · 소스 넣어 섞기** ⑥에 닭고기, 땅콩, 소스를 넣어 재빠르게 섞는다.

입에 착 감기는 감칠맛

동파육

돼지고기를 삶은 다음 간장을 발라 다시 한 번 튀긴 동파육은 담백하고 부드러워요. 청경채를 곁들여 먹으면 잘 어울려요.

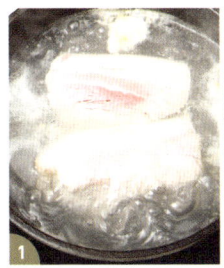
1 삼겹살을 통째로 삶는다.

2 삼겹살에 간장을 발라 튀긴다.

3 튀긴 삼겹살을 썬다.

 팔각은 냄새를 없애요

별 모양의 열매, 팔각은 중국요리에서 가장 많이 쓰이는 향신료예요. 고기의 누린내와 생선 비린내를 없애며, 진한 향이 입맛을 돋운답니다.

 **재료**

돼지고기(삼겹살)	400g
청경채	2포기
간장	3큰술
참기름	1작은술
소금	1작은술
식용유	적당량
소스	
대파	½대
마늘	1쪽
생강	½톨
팔각	2개
간장	½컵
맛술	¼컵
설탕	6큰술
치킨 파우더	2큰술
녹말물	2큰술
(녹말가루·물 2큰술씩)	
물	5컵

4 소스를 끓인다.

5 녹말물을 넣는다.

7 삼겹살과 청경채에 소스를 끼얹는다.

1 **삼겹살 삶기** 삼겹살을 통째로 끓는 물에 20분 정도 삶는다.
2 **간장 발라 튀기기** 삶은 삼겹살에 간장을 발라 갈색이 나도록 튀긴다.
3 **튀긴 삼겹살 썰기** 튀긴 삼겹살을 1cm 두께로 썬다.
4 **소스 끓이기** 냄비에 녹말물을 제외한 소스 재료를 넣고 잘 섞어 끓인다.
5 **녹말물 넣기** 소스가 ½컵 정도로 졸면 채소를 건져 내고 녹말물을 풀어 걸쭉하게 끓인다.
6 **청경채 데치기** 끓는 물에 소금을 넣고 청경채를 살짝 데쳐 건진다.
7 **소스 끼얹기** 삼겹살과 청경채를 접시에 담고 소스에 참기름을 섞어 끼얹는다.

매콤, 달콤, 새콤한 서민 음식
어향육사

돼지고기와 채소, 죽순 등을 두반장, 식초 등으로 양념해 매콤, 새콤하게 볶은 요리예요.
중국에서는 서민들이 즐겨 먹는 음식이랍니다.

돼지고기를 채 썰어
밑간한다.

대파, 마늘, 생강을 썬다.

대파, 마늘, 생강을 볶는다.

 어향육사란…

어향육사(魚香肉絲)는 중국의 대표 서민 음식이에요. 식초와 간장, 두반장, 맛술, 설탕 등을 고루 섞어 만든 어향소스는 매우면서 달콤하고 거기에 새콤함까지 더해진 독특한 맛이 매력적이에요.

돼지고기를 넣어 볶는다.

버섯, 채소를 넣어 볶는다.

소스를 넣어 볶는다.

재료

돼지고기(안심)	200g
양송이버섯	5개
죽순(통조림)	30g
양파	1개
붉은 고추	1개
부추	1줌
대파	1대
마늘	2쪽
생강	1톨
녹말가루	2큰술
식용유	적당량

돼지고기 밑간
맛술·소금·후춧가루	조금씩

소스
두반장	4큰술
설탕	2큰술
식초·간장	2작은술씩
맛술	1큰술
참기름	1작은술
녹말가루	1½작은술

1 **돼지고기 밑간하기** 돼지고기를 5cm 길이로 채 썰어 밑간한다.
2 **파·마늘·생강 썰기** 대파는 어슷하게 썰고 마늘, 생강을 저민다.
3 **버섯·채소 썰기** 양송이버섯은 저며 썰고, 양파는 채 썬다. 붉은 고추는 4cm 길이로 채 썰고, 부추도 같은 길이로 썬다. 죽순은 안쪽 틈의 하얀 석회를 긁어내고 깨끗이 씻어 얇게 썬다.
4 **소스 만들기** 소스 재료를 모두 섞는다.
5 **파·마늘·생강 볶기** 달군 팬에 식용유를 충분히 두르고 대파, 마늘, 생강을 볶아 향을 낸다.
6 **돼지고기 넣어 볶기** 밑간한 돼지고기에 녹말가루를 묻혀 ⑤에 넣고 볶는다.
7 **버섯·채소 넣어 볶기** 고기가 반쯤 익으면 양파, 죽순, 양송이버섯을 넣어 볶는다.
8 **소스 넣어 볶기** 고기가 다 익으면 소스를 넣고 젓다가 부추와 고추를 넣어 살짝 볶는다.

향이 좋고 부드러운 사천요리
회과육

돼지고기를 삶아서 다시 한 번 기름에 튀긴 사천요리예요. 춘장과 두반장으로 맛을 내 정통 중국요리의 맛을 느낄 수 있어요.

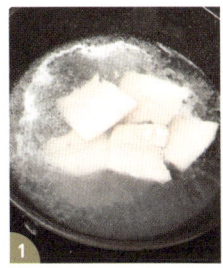
1 돼지고기를 썰어서 삶는다.

2 채소를 먹기 좋게 썬다.

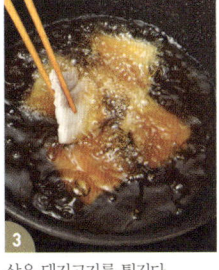
3 삶은 돼지고기를 튀긴다.

tip 회과육이란…

회과육(回鍋肉)은 '다시 솥에서 볶아 낸 고기'라는 뜻이에요. 중국에서 신에게 제사 지낸 고기를 집으로 가져와 기름에 다시 볶은 것에서 유래되었지요. 삼겹살을 쓰고 두 번 익혀 고기가 부드럽답니다.

4 소스 재료를 섞는다.

5 채소를 볶는다.

7 소스를 넣어 볶는다.

재료

돼지고기(삼겹살)	200g
양배추	150g
청양고추 · 붉은 고추	2개씩
대파	⅓대
마늘	2쪽
생강	1톨
고추기름	1큰술
식용유	적당량
소스	
춘장	½작은술
두반장	3큰술
간장 · 맛술 · 설탕	1큰술씩

1 **돼지고기 삶기** 돼지고기를 4×5cm 크기, 0.5cm 두께로 썰어 끓는 물에 삶는다.

2 **채소 준비하기** 양배추는 먹기 좋게 뜯고, 고추는 반 갈라 3cm 길이로 썬다. 대파는 2cm 길이로 썰고, 마늘과 생강은 저민다.

3 **삶은 돼지고기 튀기기** 삶은 돼지고기의 물기를 걷고 기름에 바삭하게 튀겨 기름을 뺀다.

4 **소스 만들기** 소스 재료를 모두 섞는다.

5 **채소 볶기** 팬에 고추기름을 두르고 대파, 마늘, 생강을 볶다가 향이 나면 고추와 양배추를 넣고 숨이 죽을 정도로만 볶는다.

6 **돼지고기 넣어 볶기** ⑤에 튀긴 돼지고기를 넣고 버무리듯이 볶는다.

7 **소스 넣어 볶기** ⑥에 소스를 넣고 맛이 충분히 배어들 때까지 볶는다.

향긋하고 아삭한 맛을 더한
쇠고기셀러리볶음

소 등심을 살짝 튀겨 셀러리와 함께 굴소스에 볶았어요. 아삭아삭하고 향긋한 셀러리가 쇠고기튀김과 잘 어울려요.

1 쇠고기를 먹기 좋게 썬다.

2 튀김옷을 입힌다.

3 쇠고기를 튀긴다.

 셀러리는 잎에 비타민이 많아요

서양 미나리라고 불리는 셀러리는 아삭아삭하고 독특한 향이 있어 샐러드나 소스에 많이 넣어요. 주로 줄기를 쓰고 잎은 버리는 경우가 많은데, 잎에 비타민 A가 풍부하므로 버리지 말고 먹는 것이 좋아요.

4 채소를 작게 저며 썬다.

5 파, 마늘, 생강을 볶는다.

6 쇠고기, 굴소스를 넣는다.

재료

쇠고기(등심)	250g
셀러리	3대
당근	⅓개
대파	¼대
마늘	1쪽
생강	1톨
굴소스 · 간장 · 맛술	1큰술씩
참기름 · 후춧가루	조금씩
식용유	적당량
튀김옷	
달걀흰자	1개 분량
녹말가루	2큰술

1 **쇠고기 썰기** 쇠고기를 먹기 좋은 크기로 납작하게 썬다.
2 **튀김옷 입히기** 쇠고기에 달걀흰자와 녹말가루를 넣어 버무린다.
3 **튀기기** 팬에 식용유 1컵을 붓고 쇠고기를 튀겨 기름을 뺀다.
4 **채소 썰기** 셀러리, 당근, 대파, 마늘, 생강을 작게 저며 썬다.
5 **파 · 마늘 · 생강 볶기** 팬에 식용유 2큰술을 두르고 대파, 마늘, 생강을 볶는다.
6 **셀러리 · 당근 넣어 볶기** ⑤에 맛술, 간장을 넣어 볶다가 셀러리, 당근을 넣고 1분 정도 더 볶는다.
7 **쇠고기 · 굴소스 넣기** ⑥에 쇠고기와 굴소스, 후춧가루를 넣어 30초 정도 더 볶은 뒤 참기름으로 맛을 낸다.

조리시간 **30분**
난이도 ★★★

굴소스로 맛을 내 담백하고 부드러운

홍소두부

두부를 살짝 튀겨 돼지고기와 채소를 넣은 소스에 볶은 요리예요.
굴소스로 맛을 내 담백하고 부드러워요.

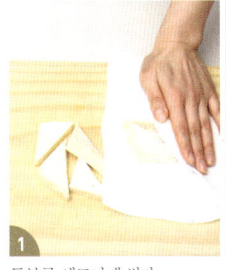
두부를 세모나게 썬다.

고기를 볶다가 파, 마늘을 넣는다.

나머지 채소와 버섯을 넣는다.

tip 두부는 물기를 닦아서 튀겨요

두부를 튀길 때는 꼭 물기를 닦아야 해요. 알맞게 썬 뒤 종이타월이나 마른 행주를 눌러 물기를 걷으세요. 물기가 있으면 튀길 때 기름이 튀어 위험하답니다.

육수를 넣고 간을 맞춘다.

튀긴 두부를 넣어 볶는다.

녹말물을 넣는다.

재료

두부	1모
청경채	1포기
마른 표고버섯	2개
당근	¼개
죽순(통조림)	30g
돼지고기	50g
대파	½대
마늘	3쪽
생강	1톨
굴소스 · 간장 · 맛술	1큰술씩
후춧가루	조금
녹말물	2큰술
(녹말가루 · 물 2큰술씩)	
식용유	적당량
육수	1컵

1 **두부 썰기** 두부를 1cm 두께로 세모나게 썰어 종이타월로 물기를 닦는다.
2 **두부 튀기기** 180℃의 기름에 두부를 노릇하게 튀긴다.
3 **채소 · 버섯 · 고기 썰기** 청경채는 4cm 길이로 썰고, 당근은 채 썬다. 표고버섯은 물에 불려 저미고, 죽순은 안쪽 틈의 하얀 석회를 긁어내고 깨끗이 씻어 얇게 썬다. 돼지고기, 대파, 마늘, 생강은 저며 썬다.
4 **고기 볶기** 팬에 식용유 2큰술을 두르고 돼지고기를 볶다가 바로 대파, 마늘, 생강을 넣어 같이 볶는다.
5 **채소 · 버섯 넣어 볶기** ④에 간장, 맛술을 넣고 나머지 채소와 버섯도 넣어 30초 정도 볶는다.
6 **육수 넣고 간하기** ⑤에 육수를 붓고 굴소스와 후춧가루로 간을 한다.
7 **튀긴 두부 넣기** ⑥에 튀겨놓은 두부를 넣어 볶는다.
8 **녹말물 넣기** ⑦을 30초 정도 조린 뒤 녹말물을 넣어 걸쭉하게 끓인다.

향긋한 표고버섯과 청경채의 만남
향고유채

데친 청경채에 양념하여 볶은 표고버섯을 올린 채소 요리예요. 영양은 물론 청경채의 신선함을 입 안 가득 느낄 수 있어요.

1 표고버섯, 청경채를 썬다.

2 표고버섯, 청경채를 데친다.

3 파, 마늘, 생강을 볶는다.

표고버섯과 청경채로 맛과 향을 더해요

표고버섯은 향기와 영양이 풍부한 재료 중의 하나예요. 청경채는 다른 푸른 채소들과 달리 데치거나 볶아도 모양이 흐트러지지 않아 음식 모양을 살려줘요. 이 둘은 중국요리에서 최고의 재료로 꼽힌답니다.

재료

마른 표고버섯	10개
청경채	2포기
대파	½대
마늘	2쪽
생강	1톨
굴소스·설탕	1큰술씩
소금	조금
녹말물	1큰술
(녹말가루·물 1큰술씩)	
식용유	1큰술

4 청경채를 넣어 볶는다.

5 표고버섯을 조린다.

6 녹말물을 넣는다.

1 **버섯·청경채 준비하기** 표고버섯은 미지근한 물에 불려 먹기 좋게 썰고, 청경채는 밑동만 자른다.
2 **버섯·청경채 데치기** 표고버섯과 청경채를 끓는 물에 살짝 데친다.
3 **파·마늘·생강 볶기** 대파, 마늘, 생강을 저며 썰어 팬에 식용유를 두르고 볶는다.
4 **청경채 넣어 볶기** 마늘이 노릇해지고 향이 나면 청경채를 넣고 소금으로 간하여 좀 더 볶는다.
5 **표고버섯 조리기** 다른 팬에 표고버섯과 소금, 굴소스, 설탕을 넣고 볶듯이 조린다.
6 **녹말물 넣기** 국물이 어느 정도 졸면 녹말물을 풀어 걸쭉하게 만든다.
7 **그릇에 담기** 볶은 청경채를 그릇에 담고 ⑥의 표고버섯을 올린다.

바삭한 닭고기와 매콤한 소스
라조기

청경채, 죽순 등의 채소와 버섯, 튀긴 닭고기를 고추기름으로 매콤하게 볶은 라조기. 쫄깃한 맛도 좋고 영양 균형도 잡힌 요리예요.

1 닭고기를 썬다.

2 표고버섯, 양송이, 죽순을 썬다.

5 닭고기에 튀김옷을 입힌다.

tip '기'로 끝나는 요리는 닭고기요리예요

중국요리에서 '기'로 끝나는 요리는 모두 닭고기가 주재료인 요리예요.
닭고기는 중국요리의 단골 재료로 주로 튀김옷을 입혀 튀긴 다음 소스나 채소를 곁들인답니다.

재료

닭고기	250g
마른 표고버섯	3개
양송이버섯	3개
죽순(통조림)	2개
청경채	1포기
마른 고추	3개
대파(흰 부분)	½대
마늘	2쪽
생강	1톨
굴소스·간장·맛술	1큰술씩
고추기름	2큰술
후춧가루	¼작은술
녹말물	2큰술
(녹말가루·물 2큰술씩)	
물	1컵

튀김옷

달걀	2개
녹말가루	3큰술

6 닭고기를 튀겨 기름을 뺀다.

7 고추기름에 향신채소를 볶는다.

9 굴소스로 간하고 농도를 맞춘다.

1 **닭고기 썰기** 닭고기를 1×4cm 크기로 썬다.
2 **버섯·죽순 썰기** 표고버섯을 물에 불려 도톰하게 썰고, 양송이버섯도 비슷하게 썬다. 죽순은 깨끗이 씻어 얇게 썬다.
3 **청경채·고추 썰기** 청경채는 4cm 길이로, 마른 고추는 3cm 길이로 썬다.
4 **파·마늘·생강 썰기** 대파, 생강, 마늘은 저며 썬다.
5 **닭고기 튀김옷 입히기** 달걀과 녹말가루를 섞어 닭고기에 튀김옷을 입힌다.
6 **닭고기 튀기기** 180°C의 기름에 닭고기를 노릇노릇하게 튀겨 기름을 뺀다.
7 **고추기름에 향신채소 볶기** 팬에 고추기름을 두르고 마른 고추를 볶다가 대파, 마늘, 생강을 넣어 볶는다.
8 **채소·버섯 넣어 볶다 물 붓기** ⑦에 간장, 맛술을 넣고 볶다가 나머지 채소와 버섯을 넣어 1분 정도 더 볶은 뒤 물을 붓는다.
9 **간하고 녹말물 넣기** 굴소스, 후춧가루로 간을 한 뒤 끓으면 녹말물을 넣어 걸쭉하게 만든다.
10 **닭고기 넣어 버무리기** ⑨의 소스에 튀긴 닭고기를 넣고 눅눅해지지 않도록 재빨리 버무려 접시에 담는다.

두반장 소스로 볶은 고기 요리
마라우육

피망, 셀러리, 양파 등의 향긋함과 아삭함이 튀긴 쇠고기와 잘 어우러진 요리예요.
고추기름과 두반장으로 소스를 만들어 매콤한 맛이 나요.

밑간한 쇠고기에 튀김옷을 입힌다.

쇠고기를 튀긴다.

채소를 썬다.

 마라우육이란…
마라우육(麻辣牛肉)은 쇠고기를 튀겨 갖가지 채소가 들어간 매운 소스에 볶은 대표적인 사천요리예요. 마라(麻辣)는 중국어로 '매운, 매운맛'을 뜻한답니다.

쇠고기	300g
양파	1개
셀러리	1대
피망 · 붉은 피망	¼개씩
마른 고추	2개
대파	½대
마늘	2쪽
생강	1톨
녹말물	1큰술
(녹말가루 · 물 1큰술씩)	
식용유	적당량
쇠고기 밑간	
소금 · 후춧가루	조금씩
튀김옷	
달걀흰자	2개 분량
녹말가루	4큰술
소스	
굴소스 · 고추기름	2큰술씩
두반장	½큰술
간장 · 맛술	1큰술씩
설탕	½큰술
육수	1컵

향신채소를 볶는다.

채소, 소스 재료를 넣어 볶는다.

튀긴 쇠고기를 넣고 녹말물을 푼다.

1 **쇠고기 밑간하기** 쇠고기를 1×5cm 크기로 썰어 밑간해 30분간 잰다.
2 **튀김옷 입히기** 달걀흰자에 녹말가루를 풀어 밑간한 쇠고기에 튀김옷을 입힌다.
3 **쇠고기 튀기기** 180℃의 기름에 쇠고기를 튀긴다.
4 **채소 썰기** 양파, 셀러리, 피망은 먹기 좋게 썰고, 마른 고추는 반 갈라 씨를 빼고 2cm 길이로 썬다.
5 **파 · 마늘 · 생강 썰기** 대파는 어슷하게 썰고 마늘과 생강은 저민다.
6 **향신채소 볶기** 팬에 식용유를 넉넉히 두르고 마른 고추를 살짝 볶다가 대파, 마늘, 생강을 넣어 1분 정도 더 볶는다.
7 **채소 · 소스 넣어 볶기** ⑥에 양파, 피망, 셀러리를 넣고 소스 재료를 넣어 고루 볶는다.
8 **쇠고기 넣어 볶다가 녹말물 넣기** ⑦에 튀긴 쇠고기를 넣고 볶다가 녹말물을 풀어 걸쭉하게 만든다.

흰 살 생선과 새우, 쇠고기가 어우러진

샤우양위

잘게 다져 양념한 새우와 쇠고기를 얇게 포 뜬 생선살로 돌돌 말아 기름에 튀겼어요.
다양한 맛을 한꺼번에 느낄 수 있는 요리랍니다.

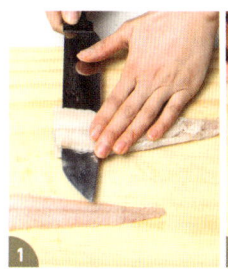

1 흰 살 생선을 포 뜬다.
2 새우살과 쇠고기를 다져 양념한다.
3 생선살에 소를 올리고 만다.

tip 생선살을 포 뜨려면…

생선살의 물기를 충분히 닦은 뒤 부서지지 않도록 포를 떠야 해요. 생선살을 껍질이 있던 면이 아래로 가게 놓은 뒤 왼손으로 살을 누르고 오른손으로 칼을 뉘어서 포를 뜨면 쉽게 뜰 수 있어요.

4 튀김옷을 만든다.
5 생선살말이에 튀김옷을 입힌다.
6 노릇하게 튀겨 기름을 뺀다.

재료

흰 살 생선살	200g
새우살	10개
쇠고기	50g
새우·쇠고기 양념	
다진 파·다진 마늘	1큰술씩
통깨	2작은술
참기름·후춧가루	조금씩
튀김옷	
달걀흰자	1개 분량
밀가루·녹말가루	2큰술씩
소금	조금
물	2큰술

1 **생선살 포 뜨기** 흰 살 생선을 얇게 포 뜬다.
2 **새우·고기 다져 양념하기** 새우살과 쇠고기를 다져 양념한다.
3 **생선살로 말기** 포 뜬 생선살 위에 ②를 올리고 돌돌 만다.
4 **튀김옷 만들기** 밀가루와 녹말가루에 달걀흰자와 물을 넣고 되직하게 반죽해 소금으로 간을 한다.
5 **튀김옷 입히기** ③의 생선살말이에 튀김옷을 입힌다.
6 **튀기기** 끓은 기름에 ⑤의 생선살말이를 노릇노릇하게 튀겨 기름을 뺀다.

새콤달콤한 이색 갈비 요리
탕수갈비

익숙한 맛의 탕수소스에 돼지갈비를 튀겨 버무리면 색다른 고기요리를 즐길 수 있어요.
손님 초대 요리로도 손색이 없어요.

돼지갈비를 핏물 빼고
토막 낸다.

목이버섯, 당근을 썬다.

돼지갈비를 튀겨 기름을
뺀다.

tip 돼지갈비는 미리 준비해요
돼지갈비는 핏물을 빼고 조리해야 제 맛을
살릴 수 있어요. 조리를 시작하기 전에
3시간 정도 찬물에 담가두어 핏물을 빼는
것이 좋아요.

채소 볶다 양념해 소스를
끓인다.

녹말물을 넣어 농도를
맞춘다.

소스에 돼지갈비를 넣어
섞는다.

재료

돼지갈비	400g
목이버섯	50g
당근	¼개
완두(통조림)	1큰술
간장	1½큰술
식초	4큰술
설탕	4큰술
녹말물	3큰술
(녹말가루·물 3큰술씩)	
식용유	적당량
물	5큰술

1 **돼지갈비 핏물 빼서 토막 내기** 돼지갈비를 찬물에 담가 핏물을 뺀 뒤
   적당한 크기로 토막 낸다.
2 **돼지갈비 삶기** 돼지갈비를 넉넉한 물에 삶아 건져 흐르는 물에 헹군다.
3 **버섯·당근 썰기** 목이버섯은 찬물에 불려 먹기 좋게 썰고, 당근은 껍질을
   벗겨 반달 모양으로 썬다.
4 **돼지갈비 튀기기** 삶은 돼지갈비를 180℃의 기름에 20초 정도만 튀겨
   기름을 뺀다.
5 **소스 끓이기** 팬에 식용유를 두르고 목이버섯, 당근, 완두를 살짝 볶다가
   간장, 식초, 설탕, 물을 섞어 넣고 끓인다.
6 **녹말물 넣기** 소스가 끓어오르면 녹말물을 조금씩 풀면서 되지 않을 정도로
   농도를 맞춘다.
7 **소스에 돼지갈비 섞기** 소스에 튀긴 돼지갈비를 넣어 골고루 섞는다.

입맛을 돋우는 전채 요리
산라탕

수프처럼 먹는 산라탕은 입맛을 돋우는 전채로 많이 즐기며, 간단한 아침식사로도 그만이에요. 입맛에 따라 재료를 바꿔도 좋아요.

2 두부를 먹기 좋게 썬다.

3 셀러리, 죽순을 썬다.

4 표고버섯을 볶는다.

tip 매콤하게도 즐겨요
매콤한 맛을 좋아하면 채소를 볶을 때 고추기름을 넣고 볶으세요. 청양고추를 기름에 살짝 볶아 재료들과 함께 볶아도 매콤하고 개운한 맛을 즐길 수 있어요.

5 셀러리, 죽순을 넣어 볶는다.

6 두부 넣어 끓이다가 녹말물을 넣는다.

7 달걀을 넣고 끓인다.

재 료

두부	½모
마른 표고버섯	2개
셀러리	1대
죽순(통조림)	3개
달걀	1개
흑식초	2큰술
간장	1½큰술
맛술	1큰술
소금	½작은술
후춧가루	조금
녹말물	2작은술
(녹말가루·물 2작은술씩)	
식용유	2작은술
육수	4컵

1 **버섯 불려 썰기** 마른 표고버섯을 미지근한 물에 불려 저며 썬다.
2 **두부 썰기** 두부를 먹기 좋은 크기로 깍둑썰기 한다.
3 **셀러리·죽순 썰기** 셀러리는 적당한 크기로 채 썰고, 죽순은 안쪽 틈의 하얀 석회를 긁어내고 깨끗이 씻어 얇게 썬다.
4 **버섯 볶기** 냄비에 식용유를 두르고 표고버섯을 볶는다.
5 **셀러리·죽순 넣기** 버섯이 반쯤 익으면 죽순, 셀러리를 넣고 좀 더 볶는다.
6 **두부 넣고 끓이다 녹말물 넣기** 채소가 익으면 육수와 맛술, 간장, 소금, 두부를 넣어 끓인 뒤 녹말물을 넣고 고루 섞는다.
7 **달걀 넣어 끓이기** 국물이 걸쭉해지면 달걀을 풀어넣고 한소끔 더 끓인다. 마지막에 흑식초와 후춧가루를 넣는다.

담백한 국물 맛이 일품
두부완자탕

두부와 새우로 완자를 빚어 채소를 넣고 끓인 두부완자탕은 담백한 국물이 일품이에요.
조금 걸쭉하게 끓여서 수프로 즐겨도 좋아요.

1 두부를 데쳐 으깬다.

2 새우살을 다진다.

3 버섯, 채소를 준비한다.

tip 다른 해물로 변화를 줘요
완자에 새우 대신 오징어나 조개 등의 다른 해물을 곱게 다져 넣어도 돼요. 입맛에 따라 여러 가지 재료로 완자를 만들면 더 다양한 맛을 즐길 수 있어요.

4 두부, 새우를 반죽해 완자를 빚는다.

5 완자를 끓는 물에 삶는다.

7 팽이버섯, 완자를 넣어 끓인다.

재료
두부	½모
새우살	4개
마른 표고버섯	2개
팽이버섯	30g
청경채	1포기
죽순(통조림)	2개
녹말가루	2큰술
국간장·맛술	1큰술씩
소금	½작은술
참기름·후춧가루	조금씩
육수	4컵

1 **두부 데쳐 으깨기** 두부를 살짝 데쳐 면 보자기로 싸서 물기를 꽉 짠 뒤 으깬다.
2 **새우살 다지기** 새우살은 물기를 닦고 다진다.
3 **버섯·채소 준비하기** 표고버섯은 물에 불려서 저며 썰고, 팽이버섯은 밑동을 자른다. 청경채는 3cm 길이로 썰고, 죽순은 깨끗이 씻어 얇게 썬다.
4 **완자 빚기** 다진 새우살과 두부에 소금, 녹말가루를 넣고 섞은 뒤 조금씩 떼어 굴려서 완자를 빚는다.
5 **완자 삶기** 끓는 물에 소금을 조금 넣고 완자를 삶아 건진다.
6 **죽순·표고버섯·청경채 넣어 끓이기** 냄비에 육수, 국간장, 맛술을 넣고 끓인 뒤 죽순, 표고버섯, 청경채를 넣는다.
7 **팽이버섯·완자 넣어 끓이기** 소금, 후춧가루가루로 간을 하고 팽이버섯과 삶아 놓은 완자를 넣어 끓인 뒤 참기름을 넣는다.

25분

조리시간
난이도 ★★

여덟 가지 귀한 재료로 만든 볶음 국수

팔진초면

쇠고기와 버섯, 죽순 등을 넣어 만든 소스에 볶은 국수를 비벼 먹는 팔진초면. 다양한 채소와 고기가 어우러져 풍부한 맛이 나요.

1 쇠고기를 채 썰어 밑간한다.

2 버섯, 채소를 썬다.

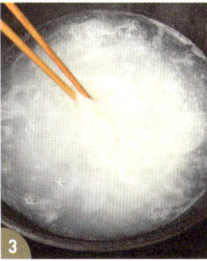
3 국수를 삶아 볶는다.

tip 팔진초면이란…
팔진(八珍)은 '여덟 가지의 귀한 재료'를 뜻해요. 또 초면(炒麵)은 '볶은 국수'라는 뜻이지요. 다시 말해 팔진초면(八珍炒麵)은 여덟 가지의 귀한 재료를 볶은 국수와 함께 요리한 음식이에요.

5 쇠고기를 볶는다.

6 버섯, 채소, 육수를 넣고 간을 한다.

7 녹말물을 넣는다.

재료

생면	400g
쇠고기	60g
마른 표고버섯	4개
죽순(통조림)	50g
피망 · 붉은 피망	½개씩
청경채	1포기
대파	⅓대
마늘	2쪽
생강	1톨
굴소스	1작은술
간장 · 맛술	1큰술씩
참기름 · 후춧가루	조금
녹말물	2큰술
(녹말가루 · 물 2큰술씩)	
식용유	적당량
육수	1컵
쇠고기 밑간	
간장 · 맛술	1큰술씩
후춧가루	½작은술

1 **쇠고기 밑간하기** 쇠고기를 채 썰어 간장, 맛술, 후춧가루로 밑간한다.
2 **버섯 · 채소 썰기** 표고버섯은 물에 불려 저미고, 피망은 채 썬다. 죽순은 안쪽 틈의 하얀 석회를 긁어내고 깨끗이 씻어 얇게 썬다. 대파, 마늘, 생강은 다진다.
3 **생면 삶아 볶기** 생면을 삶아 물기를 뺀 뒤 식용유를 두른 팬에 노릇노릇하게 볶는다.
4 **청경채 데쳐 볶기** 청경채를 끓는 물에 데쳐 식용유를 두른 팬에 볶고 소금으로 간한다.
5 **쇠고기 볶기** 팬에 식용유를 두르고 생강, 간장, 맛술을 넣어 향을 낸 뒤 쇠고기를 넣어 볶는다.
6 **버섯 · 채소 · 육수 넣고 간하기** 고기가 익으면 버섯, 채소, 대파, 마늘을 넣어 볶다가 육수를 붓고 굴소스, 후춧가루로 간을 한다.
7 **녹말물 넣기** ⑦에 녹말물을 풀어 걸쭉하게 만들고 참기름을 넣는다.
8 **소스 끼얹기** 그릇에 볶은 국수를 담고 ⑧의 소스를 끼얹는다.

PART 5

인기 만점
퓨전 중국요리

중국요리는 세계인이 즐기는 음식인 만큼 퓨전 메뉴도
다양해요. 퓨전 중국요리는 정통 중국요리에 비해 가볍고
대중적인 맛으로 사람들의 입맛을 사로잡아
언제 어디서나 환영받아요. 별식으로,
간식으로 준비하면 아이들도
아주 좋아해요.

매콤 새콤한 소스가 입맛 돋우는
양파닭살샐러드

튀긴 닭가슴살에 매콤, 새콤한 소스를 뿌리고 양파, 무순을 곁들여 상큼함을 더했어요. 코스 요리의 전채로도 좋고, 아이들 간식으로도 그만이에요.

1 닭가슴살을 밑간한다.

2 밀가루·옥수수가루·오향가루를 섞는다.

3 닭가슴살에 섞은 가루를 묻힌다.

tip 오향가루엔 다섯 가지 향신료가 들어 있어요

독특한 향을 가지고 있는 오향가루는 계피, 팔각, 진피, 정향, 산초 다섯 가지 향신료를 가루로 만들어 섞은 향신료예요. 중국요리에서 향을 좋게 하는 데 쓰인답니다.

4 양파·무순을 준비한다.

5 소스를 만든다.

7 접시에 담고 소스를 끼얹는다.

재료

닭가슴살	2쪽
양파	1개
무순	조금
밀가루	4큰술
옥수수가루	1큰술
오향가루	½작은술
식용유	적당량

닭 가슴살 밑간

생강즙·소금·후춧가루	조금씩

고추기름 소스

다진 마늘	1큰술
고추기름·간장	2큰술씩
설탕·식초·레몬즙	1큰술씩

1 **닭가슴살 밑간하기** 닭가슴살을 소금, 후춧가루, 생강즙으로 밑간하여 잠시 잰다.
2 **가루 재료 섞기** 밀가루, 옥수수가루, 오향가루를 섞는다.
3 **닭가슴살에 가루 묻히기** 닭가슴살에 ②의 가루를 고루 묻힌다.
4 **양파·무순 준비하기** 양파는 가늘게 채 썰어 찬물에 담그고, 무순은 밑동을 자르고 찬물에 담갔다가 물기를 뺀다.
5 **소스 만들기** 소스 재료를 모두 섞는다.
6 **닭가슴살 튀기기** 180℃의 기름에 ③의 닭가슴살을 튀긴다.
7 **소스 끼얹기** 접시에 튀긴 닭가슴살과 양파를 담고 무순을 올린 뒤 소스를 끼얹는다.

생크림이 듬뿍 들어가 부드러운
블루베리크림새우

새우를 푸짐하게 튀겨 블루베리크림 소스를 뿌린 요리예요. 생크림이 들어가 부드러우면서 블루베리가 씹혀 새콤해요.

1 새우를 손질한다.

2 새우에 튀김옷을 입힌다.

3 생크림을 거품 낸다.

tip 블루베리는 소스 재료로 좋아요

비타민 C와 철분이 풍부한 블루베리는 단맛과 신맛이 조화를 이루고 있어 잼, 주스, 소스 재료로 많이 써요. 푸른색이 진하고 선명한 것, 겉면이 팽팽하고 하얀 가루가 고르게 묻어 있는 것이 신선한 것이에요.

재료

새우(대하)	8마리
식용유	적당량
새우 밑간	
소금·후춧가루	조금씩
튀김옷	
달걀	2개
녹말가루	1컵
물	¾컵
식용유	⅓컵
블루베리크림 소스	
블루베리	1큰술
생크림	1컵
마요네즈	1큰술
레몬즙	1작은술
설탕	조금

4 소스를 만든다.

5 새우를 튀긴다.

6 새우에 소스를 끼얹는다.

1 **새우 손질하기** 새우를 머리를 떼고 껍데기를 벗긴 뒤 꼬리의 물주머니를 잘라낸다. 등에 칼집을 내고 밑간한다.
2 **튀김옷 입히기** 녹말가루, 달걀, 물, 식용유를 섞어 새우에 고루 입힌다.
3 **생크림 거품 내기** 생크림을 거품기로 저어 거품을 낸다.
4 **소스 만들기** 볼에 레몬즙과 마요네즈, 블루베리, 설탕을 넣고 한쪽 방향으로 저은 뒤 거품 낸 생크림과 섞는다.
5 **새우 튀기기** 180℃의 기름에 새우를 튀긴다.
6 **소스 끼얹기** 튀긴 새우를 접시에 담고 소스를 끼얹는다.

상큼한 소스로 느끼함을 줄인
오렌지쇠고기튀김

입 안 가득 퍼지는 오렌지 소스의 상큼한 맛과 향이 쇠고기 튀김의 느끼함을 없애요.
새콤달콤해 아이들 입맛에 안성맞춤이에요.

1 쇠고기를 핏물 빼서 썬다.

2 쇠고기에 튀김옷을 입힌다.

3 오렌지를 얇게 썬다.

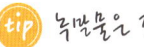
녹말물은 조금씩 넣으세요

녹말물로 농도를 맞출 때는 조금씩 흘려 넣으면서 농도를 확인해야 해요. 처음부터 많이 넣으면 너무 되직해져 실패할 수 있답니다. 녹말물을 넣고 나서는 재빨리 불을 끄고 저어야 소스가 덩어리지지 않아요.

재료

쇠고기(등심)	200g
오렌지	½개
식용유	적당량

튀김옷

달걀흰자	1개 분량
녹말가루	2큰술

오렌지 소스

오렌지 즙	1½개 분량
오렌지주스	½컵
식초	2큰술
설탕	1큰술
잣	1큰술
녹말물	1큰술
(녹말가루·물 1큰술씩)	
소금	조금

4 쇠고기를 튀긴다.

6 소스를 만든다.

7 소스에 오렌지를 넣는다.

1 **쇠고기 핏물 빼서 썰기** 쇠고기를 찬물에 담가 핏물을 뺀 뒤 물기를 닦고 1×4cm 크기로 썬다.
2 **튀김옷 입히기** 달걀흰자와 녹말가루를 잘 섞어 쇠고기에 튀김옷을 입힌다.
3 **오렌지 썰기** 오렌지를 소금으로 문질러 씻어 반달 모양으로 얇게 썬다.
4 **쇠고기 튀기기** 180℃의 기름에 ②의 쇠고기를 20초 정도 튀긴다.
5 **한 번 더 튀기기** 튀긴 쇠고기를 톡톡 쳐서 달라붙은 튀김 옷을 뗀 뒤 다시 한 번 노릇노릇하게 튀긴다.
6 **소스 만들기** 팬에 오렌지 소스 재료를 모두 담아 끓인다.
7 **소스에 오렌지 넣기** 소스가 끓으면 녹말물을 넣어 걸쭉하게 끓인 뒤 오렌지를 넣는다.
8 **소스 끼얹기** 접시에 튀긴 쇠고기를 담고 오렌지 소스를 끼얹는다.

싱싱한 채소와 함께 즐기는
쇠고기양상추쌈

잘게 썬 고기와 채소를 굴소스로 볶아 튀긴 쌀국수와 함께 양상추에 싸 먹는 요리예요.
아삭아삭하면서 색다른 맛이 좋아요.

1 버섯, 채소를 잘게 썬다.

2 쇠고기를 다진다.

5 쇠고기를 볶는다.

tip 쌀국수 대신 당면을 튀겨도 좋아요
쌀국수 대신 당면을 튀겨서 내거나 시리얼을
잘게 부숴 내면 색다른 맛을 즐길 수 있어요.
아이들 간식으로 준비할 때는 양상추를
작게 자르고 조금씩 담아야 먹기 좋아요.

재료

쇠고기(우둔)	200g
쌀국수	50g
양상추 잎	5장
마른 표고버섯	2개
셀러리	½대
피망·붉은 피망	¼개씩
죽순(통조림)	2개
완두(통조림)	2큰술
대파	¼대
마늘	2쪽
생강	2톨
굴소스·맛술	1큰술씩
참기름	1작은술
후춧가루	½작은술
녹말물	1큰술
(녹말가루·물 1큰술씩)	
식용유	1½큰술
육수	3큰술

6 마늘, 생강, 맛술을 넣는다.

7 버섯, 채소, 완두를 넣고 양념한다.

8 녹말물을 넣고 참기름으로 맛을 낸다.

1 **채소·버섯 썰기** 셀러리, 피망, 대파는 잘게 썰고 표고버섯도 물에 불려 잘게 썬다. 마늘, 생강은 다지고, 죽순도 깨끗이 씻어 다진다.
2 **쇠고기 다지기** 쇠고기도 잘게 다진다.
3 **양상추 자르기** 양상추를 흐르는 물에 한 장씩 씻어 손으로 둥글게 자른다.
4 **쌀국수 튀겨 부수기** 쌀국수를 튀겨 헝겊에 싸서 잘게 부순다.
5 **쇠고기 볶기** 달군 팬에 식용유를 두르고 쇠고기를 볶는다.
6 **마늘·생강·맛술 넣기** 쇠고기가 익으면 다진 마늘과 생강을 넣고 살짝 볶은 뒤 맛술을 넣어 향을 낸다.
7 **버섯·채소·완두 넣기** 향이 나기 시작하면 버섯과 채소, 완두를 넣고 볶다가 육수, 굴소스, 후춧가루를 넣어 양념한다.
8 **녹말물 넣기** ⑦이 끓으면 녹말물을 풀어 걸쭉하게 끓인 뒤 참기름을 넣는다.
9 **양상추에 담기** 볶은 재료를 양상추에 나누어 담아 부순 쌀국수와 함께 접시에 담는다.

흰 살 생선의 영양이 가득한

깐풍북어

북어 살을 발라 노릇하게 튀긴 다음 깐풍 소스에 버무린 요리예요. 흰 살 생선의 담백한 맛이 좋을 뿐 아니라 영양도 풍부해요.

북어 살을 뜯는다.

물기를 닦고 밑간한다.

북어 살을 튀긴다.

tip 북어는 녹차 잎과 함께 보관해요

북어는 습기에 매우 약해서 곰팡이가 생기기 쉬워요. 쓰고 남은 북어를 둘 때에는 잘 마른 녹차 잎을 함께 두세요. 방습과 방충 효과가 있어 북어를 오래 보관할 수 있어요.

마늘, 고추, 파를 볶는다.

소스 재료를 끓인다.

북어 살을 소스에 버무린다.

재료

북어포	1마리
식용유	적당량
북어 밑간	
참기름	1큰술
소금	1작은술
후춧가루	조금
튀김옷	
달걀	1개
녹말가루	7큰술
소스	
간장	2큰술
굴소스 · 생강즙	1큰술씩
식초	3큰술
설탕 · 물엿	2작은술씩
다진 파 · 다진 마늘	½큰술씩
붉은 고추	2개
후춧가루	조금
녹말물	2큰술
(녹말가루 · 물 2큰술씩)	
식용유	3큰술
물	½컵

1 **북어 살 뜯기** 북어포의 머리를 떼고 물에 적신 뒤 가시를 발라내고 살을 먹기 좋게 뜯는다.

2 **북어 살 밑간하기** 북어 살의 물기를 닦고 밑간한다.

3 **튀김옷 입히기** 북어에 양념이 배면 녹말가루 2큰술과 달걀을 넣어 버무린 뒤 다시 녹말가루 5큰술을 넣어 버무린다.

4 **튀기기** 180℃의 기름에 북어 살을 노릇하게 튀긴다.

5 **고추 썰기** 붉은 고추를 어슷하게 썬다.

6 **파 · 마늘 · 고추 볶기** 달군 팬에 식용유를 두르고 다진 마늘과 고추, 다진 파를 넣어 볶는다.

7 **소스 끓이기** ⑥에 후춧가루와 녹말물을 뺀 나머지 소스 재료를 넣고 끓이다가 후춧가루를 넣고 녹말물을 풀어 걸쭉하게 끓인다.

8 **소스에 북어 살 버무리기** 소스에 튀긴 북어 살을 넣고 고루 버무린다.

한 입에 먹기 좋은 영양 간식
레몬닭고기튀김

닭가슴살을 노릇노릇하게 튀겨 달콤, 상큼한 레몬 소스에 버무렸어요. 부드럽고 한 입에 먹기 좋아 아이들에게 인기예요.

1 닭가슴살을 썬다.

2 닭가슴살을 밑간한다.

3 밀가루를 입힌다.

tip 푸른 채소를 곁들이면 좋아요

레몬닭고기튀김에 비타민, 치커리, 크레송 같은 푸른 채소를 곁들이면 싱그러움을 더할 뿐 아니라 레몬 소스의 향긋함도 더 진해져요. 영양 면에서도 균형을 맞출 수 있어 일석이조랍니다.

4 튀김옷을 만들어 입힌다.

5 닭가슴살을 튀긴다.

6 레몬 소스를 만든다.

재료

닭가슴살	4쪽
레몬	½개
밀가루	1큰술
식용유	적당량
닭 가슴살 밑간	
맛술·생강즙	1큰술씩
소금	½작은술
후춧가루	조금
튀김옷	
달걀	½개
밀가루	2큰술
녹말가루	¼컵
얼음물	½컵
레몬 소스	
레몬즙	1큰술
설탕	1큰술
꿀	2큰술
녹말물	2큰술
(녹말가루·물 2큰술씩)	
소금	조금
물	½컵

1 **닭가슴살 썰기** 닭가슴살을 먹기 좋은 크기로 썬다.
2 **밑간하기** 닭가슴살에 밑간양념을 넣고 골고루 주물러 15분 정도 잰다.
3 **밀가루 묻히기** 밑간한 닭가슴살에 밀가루를 넣고 버무린다.
4 **튀김옷 입히기** 튀김옷을 만들어 닭가슴살에 입힌다.
5 **튀기기** 180℃의 기름에 닭가슴살을 튀겨 기름을 뺀다.
6 **소스 만들기** 팬에 소스 재료를 넣고 끓인 뒤 녹말물을 넣어 걸쭉하게 끓인다.
7 **소스 끼얹기** 레몬을 얇게 썰어 튀긴 닭가슴살과 함께 접시에 담고 소스를 끼얹는다.

숙주나물을 넣어 아삭함을 더한

몽골리안비프

쇠고기에 피망과 숙주나물을 넣고 함께 볶아 아삭아삭한 맛을 더했어요. 청양고추를 넣고 고추기름에 살짝 볶아 뒷맛도 개운해요.

1 쇠고기의 핏물을 뺀다.

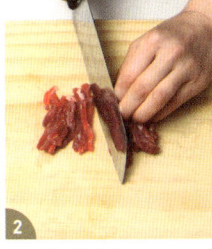
2 쇠고기를 채 썬다.

3 채소를 준비한다.

tip 센 불에서 단시간에 볶아요

몽골리안비프는 고기와 채소가 어우러진 요리라 센 불에서 단시간에 볶아야 물이 생기지 않아요. 특히 숙주는 마지막에 넣고 숨이 죽을 정도로만 볶아야 아삭하고 맛있어요.

재료

쇠고기	200g
숙주	50g
양파	½개
피망	½개
청양고추	2개
다진 마늘	½큰술
굴소스	2큰술
설탕	1큰술
고추기름	2큰술
소금·후춧가루	조금씩

4 쇠고기를 볶는다.

5 채소를 넣고 간을 한다.

6 숙주를 넣어 볶는다.

1 **쇠고기 핏물 빼기** 쇠고기를 찬물에 담가 핏물을 뺀다.
2 **쇠고기 채 썰기** 핏물 뺀 쇠고기를 먹기 좋게 채 썬다.
3 **채소 준비하기** 양파, 피망은 큼직하게 썰고 청양 고추는 어슷하게 썬다. 숙주는 깨끗이 씻어 물기를 뺀다.
4 **쇠고기 볶기** 달군 팬에 고추기름을 두르고 다진 마늘을 살짝 볶다가 쇠고기를 넣고 센 불에서 볶는다.
5 **채소 넣고 간하기** 고기 겉면이 익으면 양파, 피망, 청양고추를 넣고 굴소스, 설탕, 소금, 후춧가루로 간하여 가볍게 볶는다.
6 **숙주 넣어 볶기** ⑤에 숙주를 넣어 함께 볶는다. 숙주가 숨이 죽고 간이 배면 불에서 내린다.

두부와 치즈의 이색 만남
마파그라탱

중국인들이 즐겨 먹는 마파두부로 그라탱을 만들었어요. 고소한 피자치즈와 마파두부가 어우러져 색다른 맛이 나요.

1 채소를 썬다.

2 두부, 쇠고기를 썬다.

3 양파, 마늘, 쇠고기를 볶는다.

tip 먼저 오븐을 예열해요

오븐 요리를 할 때는 요리를 시작하기 전에 오븐 예열부터 하세요. 오븐을 달구는 데 시간이 걸리기 때문에 미리 예열해두어야 음식을 준비하자마자 바로 구울 수 있어요.

재료

두부	1모
쇠고기	150g
양파	1개
대파	½대
풋고추·붉은 고추	1개씩
피자치즈	1컵
다진 마늘	2작은술
두반장	2큰술
고춧가루·간장	1작은술씩
참기름	1작은술
설탕	1½작은술
후춧가루	조금
식용유	2큰술

4 양념을 넣어 볶는다.

5 고추, 대파를 넣어 볶는다.

6 그릇에 담아 피자치즈를 뿌린다.

1 **채소 썰기** 양파는 다지고, 대파와 고추는 송송 썬다.
2 **두부·쇠고기 썰기** 두부는 깍둑썰기 하고 쇠고기는 다진다.
3 **양파·마늘·쇠고기 볶기** 달군 팬에 식용유를 두르고 다진 양파와 마늘을 볶다가 양파가 투명해지면 쇠고기를 넣어 볶는다.
4 **양념해 볶기** 고기가 반쯤 익으면 두반장, 고춧가루, 간장, 설탕, 후춧가루를 넣고 계속 볶는다.
5 **고추·파 넣기** 고기가 다 익으면 고추와 대파를 넣고 1분 정도 볶은 뒤 참기름을 넣는다.
6 **오븐 용기에 담고 치즈 뿌리기** 오븐용 내열용기에 두부를 담고 볶은 고기를 올린 뒤 피자치즈를 골고루 뿌린다.
7 **오븐에 굽기** ⑥을 200℃로 예열한 오븐에 넣어 10분 정도 굽는다.

Index

가나다순

ㄱ
게맛살마늘소스볶음 44
게맛살수프 102
고구마빠스 138
군만두 116
굴짬뽕 76
궁보계정 148
기스면 78
깐쇼새우 128
깐풍기 58
깐풍북어 186
꿔바로우 124

ㄴ
난자완스 54
날치알게맛살볶음밥 90

ㄷ
단호박딤섬 112
달걀볶음밥 88
닭고기딤섬 110
닭고기캐슈너트볶음 120
동파육 150
돼지고기짜장볶음 56
두반소스오리찜 64
두부완자탕 172
두부춘권 132

ㄹ
라조기 162
레몬닭고기튀김 188

ㅁ
마늘볶음밥 86
마라우육 164
마파그라탱 192
마파두부 32
몽골리안비프 190
물만두 114

ㅂ
바나나춘권 134
바나나탕 142
베이컨새우볶음밥 94
부추잡채와 꽃빵 36
북경식 고추잡채 34
블루베리크림새우 180

ㅅ
사천식 마파두부덮밥 100
사천짬뽕 72
산라탕 170
새우고추볶음 48
새우브로콜리볶음 46
새우아스파라거스볶음 42
새우선복냉채 28
새우춘권 130
새우케첩볶음 50
샤우양위 166
쇠고기굴소스볶음 52
쇠고기셀러리볶음 156
쇠고기양상추쌈 184

ㅇ
애호박달걀수프 104
양장피 26
양파닭살샐러드 178
어향육사 152

오렌지쇠고기튀김 182
오향장육 62
요우티아오 136
울면 80
유린기 126
유산슬 146

ㅈ
잡채밥 96
잡탕밥 92
전가복 40
전복해물짬뽕 74
중국식 볶음밥 84
중화볶음우동 82
짜장면 70

ㅌ
탕수갈비 168
탕수조기 60
토마토달걀볶음 118
파인애플탕수육 122

ㅍ
군포시 38
팔진초면 174

ㅎ
해물누룽지탕 66
해물덮밥 98
해물딤섬 108
해파리냉채 30
향고유채 160
호두빠스 140
홍소두부 158
회과육 154

재료별

고기

군만두 116
궁보계정 148
깐풍기 58
꿔바로우 124
난자완스 54
닭고기딤섬 110
닭고기캐슈너트볶음 120
동파육 150
돼지고기짜장볶음 56
두반소스오리찜 64
라조기 162
레몬닭고기튀김 188
마라우육 164
몽골리안비프 190
물만두 114
쇠고기굴소스볶음 52
쇠고기셀러리볶음 156
쇠고기양상추쌈 184
양파닭살샐러드 178
어향육사 152
오렌지쇠고기튀김 182
오향장육 62
유린기 126
탕수갈비 168
파인애플탕수육 122
회과육 154

해물

게맛살마늘소스볶음 44
게맛살수프 102
간쇼새우 128
깐풍북어 186
블루베리크림새우 180
새우고추볶음 48
새우브로콜리볶음 46
새우아스파라거스볶음 42
새우전복냉채 28
새우춘권 130
새우케첩볶음 50
샤우양위 166
유산슬 146
전가복 40
탕수조기 60
팔보채 38
해물누룽지탕 66
해물딤섬 108
해파리냉채 30

채소

고구마빠스 138
단호박딤섬 112
부추잡채와 꽃빵 36
북경식 고추잡채 34
애호박달걀수프 104
양장피 26
토마토달걀볶음 118
향고유채 160

두부

두부완자탕 172
두부춘권 132
마파그라탱 192
마파두부 32
산라탕 170
홍소두부 158

과일·견과

바나나춘권 134
바나나탕 142
호두빠스 140

국수·빵

굴짬뽕 76
기스면 78
사천짬뽕 72
요우티아오 136
울면 80
전복해물짬뽕 74
중화볶음우동 82
짜장면 70
팔진초면 174

밥

날치알게맛살볶음밥 90
달걀볶음밥 88
마늘볶음밥 86
베이컨새우볶음밥 94
사천식 마파두부덮밥 100
잡채밥 96
잡탕밥 92
중국식 볶음밥 84
해물덮밥 98

리스컴이 펴낸 책들

- 요리

한복선의 친절한 요리책
기초부터 응용까지 이 책 한권이면 끝!
요리 초보자를 위해 대한민국 최고의 요리전문가 한복선 선생님이 나섰다. 칼 잡는 법부터 재료 손질, 맛내기까지 친정엄마처럼 꼼꼼하고 친절하게 알려주는 이 책에는 국, 찌개, 반찬, 한 그릇 요리 등 대표 가정요리 221가지 레시피가 들어 있다.

한복선 지음 | 308쪽 | 188×254mm | 15,000원

한복선의 우리 음식
우리집에 꼭 필요한 생활요리 대백과
신세대 주부들도 쉽게 따라 할 수 있는 한국 전통음식 교과서. 가정요리, 명절음식, 궁중음식, 향토음식, 건강요리, 김치·장아찌 등 기본에 충실하면서도 실용적인 요리가 가득 담겨있다.

한복선 지음 | 304쪽 | 210×255mm | 15,000원

오늘요리
지금 바로 쉽게 따라 할 수 있는 레시피
이것저것 갖춰 먹기 쉽지 않은 바쁜 현대인들을 위한 요리책. 각종 미디어에 레시피를 제공하고 요리 칼럼을 연재한 저자가 실생활에서 자주 해 먹는 요리들을 담아내 더욱 믿음이 간다. 간단하고 실용적인 레시피로 매 끼니 힘들이지 않고 식탁을 차려보자.

김경미 지음 | 216쪽 | 188×245mm | 13,000원

매일매일 맛있는 집밥
바쁜 직장인에게 꼭 맞춘 일주일 식단
경제적이고 풍성한 식탁을 위한 요리 가이드북. 일 년 동안 먹을 수 있는 370여 가지 요리가 담겨 있다. 월별로 파트를 나누어 봄·여름·가을·겨울에 어울리는 제철 식품으로 만든 다양한 요리를 소개한다. 요일별로 아침, 저녁 식단이 있어 반찬 걱정 없이 고른 영양 섭취를 할 수 있다.

손성희 지음 | 288쪽 | 210×265mm | 14,000원

일주일 밑반찬 사계절 장아찌
우리 식탁엔 우리 음식
주부들의 반찬 고민을 덜어주는 밑반찬 요리책. 장조림, 마른반찬, 깻잎장아찌 등 대표 밑반찬과 슬로우푸드 장아찌, 새콤달콤한 피클, 입맛 살리는 젓갈 75가지가 담겨 있다. 만들기 쉽고, 전통의 맛을 살린 레시피가 가득하다.

최승주 지음 | 144쪽 | 210×265mm | 9,800원

우리몸엔 죽이 좋다
내 몸에 약이 되는 우리 음식
맛있고 몸에 좋은 건강죽을 담은 책. 우리 음식의 대가 한복선 요리연구가가 오랜 노하우를 담아 전통 죽은 물론, 현대인에게 필요한 영양죽, 약재를 넣어 건강을 되찾아주는 약죽 등을 소개한다.

한복선 지음 | 152쪽 | 210×265mm | 12,000원

오늘은 샌드위치
기볍게 만들 수 있는 별미 한 끼 즐기기
초보자들도 쉽게 만들 수 있는 메뉴부터 전문점 못지않은 럭셔리한 종류까지 66가지의 다양한 샌드위치를 소개하는 책. 기본 샌드위치, 스페셜 샌드위치, 토스트 & 핫 샌드위치, 버거 & 랩 샌드위치, 전문점 인기 샌드위치 등으로 파트를 나누어 입맛에 따라 선택할 수 있다.

안영숙 지음 | 128쪽 | 180×230mm | 10,000원

김밥·주먹밥·샌드위치
간편한 노시락은 다 모였다!
만들기 쉽고, 먹기 편한 도시락 메뉴 78가지를 소개하는 책. 김밥, 주먹밥, 초밥, 캘리포니아 롤, 샌드위치 등이 모두 들어 있다. 밥 짓기, 양념하기, 김밥 말기, 배합초 버무리기 등 기초 테크닉도 꼼꼼하게 알려준다.

최승주 지음 | 136쪽 | 180×230mm | 10,000원

프렌치토스트 & 핫 샌드위치
촉촉하고 부드럽게, 건강하고 실속 있게
한 끼 식사로, 간식으로 좋은 프렌치토스트와 핫 샌드위치 64가지를 소개한다. 정통 레시피부터 색다른 맛, 든든한 한 끼, 시판 음식을 이용한 레시피까지 간단하고 맛있는 메뉴가 가득하다. 토핑과 속재료가 한눈에 들어와 누구나 쉽게 만들 수 있다.

미나구치 나호코 지음 | 112쪽 | 180×230mm | 11,200원

Everyday 달걀
빠르고 간단하게, 영양 많고 맛있게
누구나 쉽게 만들어 건강하게 즐기는 달걀 레시피. 밥반찬부터 일품요리, 샐러드, 디저트, 음료까지 다양한 달걀요리를 담았다. 완전식품 달걀을 준비해 간단한 아침식사로, 건강을 위한 웰빙식으로, 날씬한 몸매를 가꾸는 다이어트식으로, 후다닥 준비하는 간식으로 멋지게 즐겨보자.

손성희 지음 | 136쪽 | 190×245mm | 10,000원

내 몸이 가벼워지는 시간
샐러드에 반하다
영양을 골고루 담은 한 끼 샐러드, 간편한 도시락 샐러드, 저칼로리 샐러드, 곁들이 샐러드 등 쉽고 맛있는 샐러드를 담았다. 칼로리를 조절할 수 있도록 총칼로리와 드레싱 칼로리를 함께 표시한 것이 특징이다. 45가지 드레싱도 알려준다.

장연정 지음 | 168쪽 | 210×256mm | 12,000원

로푸드 다이어트 레시피 103
로푸드 디톡스
로푸드는 체내의 독소를 제거하고 면역력을 높여줘 자연스럽게 다이어트까지 이어지도록 한다. 로푸드 레시피 103개와 주스 펄프 사용법, 활용도 만점 드레싱 등 플러스 레시피가 수록돼 있어 로푸드가 낯선 사람이라도 어렵지 않게 시작할 수 있도록 돕는다.

이지연 지음 | 216쪽 | 210×265mm | 12,000원

내 몸을 건강하게 하는 1주일 디톡스 프로그램
프레시 주스 & 그린 스무디
신선한 과일과 채소로 만든 66가지 주스 레시피를 담은 책. 주스뿐만 아니라 재료의 영양이 살아있는 스무디, 원기를 충전해주는 부스터 샷까지 있어 건강과 맛을 동시에 챙길 수 있다.

편그린 지음 | 이지은 옮김 | 164쪽 | 170×230mm | 12,000원

맛있고 몸에 좋은 카페 스타일 드링크
홈메이드 천연 음료
온 가족의 입맛을 사로잡을 최고의 홈메이드 음료 레시피를 담았다. 첨가물 걱정 없는 진짜 100% 과일 채소 주스와 과일이 듬뿍 들어간 스무디, 패밀리레스토랑보다 맛있는 에이드 등 107가지 음료를 만날 수 있다.

이지은 지음 | 136쪽 | 190×245mm | 9,800원

천연 효모가 살아있는 건강 빵
천연발효빵
맛있고 몸에 좋은 천연발효빵을 소개한 책. 단순한 홈베이킹의 수준을 넘어 건강한 빵을 찾는 웰빙족을 위해 과일, 채소, 곡물 등으로 만드는 천연 발효종 20가지와 천연 발효종으로 굽는 건강빵 레시피 62가지를 담았다.

고상진 지음 | 200쪽 | 210×275mm | 13,000원

바쁜 사람도, 초보자도 누구나 쉽게 만든다
무반죽 원 볼 베이킹
누구나 쉽게 맛있고 건강한 빵을 만들 수 있도록 돕는 책. 61가지 무반죽 레시피와 전문가의 Plus Tip을 담았다. 이제 힘든 반죽 과정 없이 볼과 주걱만 있어도 집에서 간편하게 빵을 구울 수 있다. 초보자에게도, 바쁜 사람에게도 안성맞춤이다.

고상진 지음 | 200쪽 | 188×245mm | 14,000원

미니오븐으로 시작하는
쿠키·빵·케이크
초보자를 위한 미니오븐 베이킹 레시피 50가지. 바삭한 쿠키와 담백한 스콘, 다양한 머핀과 파운드케이크, 폼 나는 케이크와 타르트, 누구나 좋아하는 인기 빵까지 모두 담겨 있다. 베이킹을 처음 시작하는 사람에게 안성맞춤이다.

고상진 지음 | 144쪽 | 210×256mm | 12,000원

인기 디저트 카페의 스위트 레시피
달콤한 나의 디저트
분위기 좋은 카페와 맛있는 디저트를 소개하는 책. 디저트 카페의 주소, 찾아가는 방법, 영업시간, 메뉴에 대한 정보와 인기 디저트의 레시피를 공개해서 카페를 제대로 즐길 수 있도록 도와준다.

이미리 지음 | 184쪽 | 170×230mm | 12,000원

손님상에, 도시락에… 센스를 뽐내세요
과일 예쁘게 깎기
30여 가지의 과일과 채소를 예쁘고 먹기 좋게 깎을 수 있도록 소개한 책. 꽃·동물·나뭇잎 모양 등 60여 가지의 다양한 깎기와 모양내기 방법을 과정 사진과 함께 자세히 알려준다. 과일음료, 과일잼, 과일주 등 응용 요리도 담겨 있다.

구본길 지음 | 144쪽 | 190×230mm | 9,800원

알면 알수록 특별한 술
와인 & 스피릿
포도 품종과 지역별 특징, 고르는 법, 라벨 읽는 법, 마시는 법까지 와인의 모든 것을 자세히 알려주는 지침서. 소믈리에가 추천한 100가지 와인 리스트는 초보자도 와인을 성공적으로 고를 수 있도록 도와준다. 비즈니스에서 빼놓을 수 없는 양주에 대해서도 알려준다.

김일호 지음 | 216쪽 | 152×225mm | 12,000원

리스컴이 펴낸 책들

• 여행 | 에세이

꿈꾸는 청춘을 위한 공감 에세이
지금 여기, 그리고 나

오늘이 힘겹고 내일이 불안한 청춘에게 위로와 용기를 주는 그림 에세이. 지친 마음을 따뜻하게 다독이며, 스스로를 믿고 앞으로 나아가라고 말한다. 위로, 용기, 꿈, 시작 네 가지 주제를 담고, 모든 글에 감성적인 일러스트를 함께 실어 공감이 배가된다.

김나래 지음 | 192쪽 | 138×188mm | 13,000원

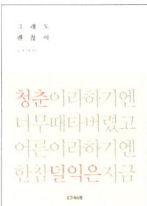

낯선 도시로 떠나 진짜 인생을 찾는 이야기
내가 누구든, 어디에 있든

낯선 도시 뉴욕에서 꿈을 살다 온 청춘의 이야기. 꿈, 희망, 행복, 친구, 여행 등을 담아낸 73개의 담백한 에피소드와 다양한 그림, 사진을 실었다. 이 책의 모든 그림들은 뉴욕에서 아트북을 출간할 정도로 감각적인 실력을 갖춘 김나래 작가가 직접 그렸다.

김나래 지음 | 240쪽 | 138×188mm | 13,000원

우근철 위로 에세이
그래도 괜찮아

100여 장의 사진과 70여 개의 이야기로 험난한 시대를 사는 청춘들에게 따뜻한 공감을 선물하는 사진 에세이. 초청 개인전을 열 정도로 뛰어난 사진 실력을 갖춘 작가의 사진과 페이스북에서 수많은 사람들의 사랑을 받은 글이 이 책의 가치를 더욱 높여준다.

우근철 지음 | 200쪽 | 138×190mm | 13,000원

제주에서 만난 길, 바다, 그리고 나
나 홀로 제주

혼자 떠난 제주에서 만난 관광지, 맛집, 카페, 숙소 등을 소개한 책. 제주를 북서부, 북동부, 남동부, 남서부 네 개 지역으로 나눠 자세히 소개하고, 혼자 여행을 떠난 사람들이 알아두면 좋은 팁과 플리마켓, 오일장 등의 정보도 담았다.

장은정 지음 | 296쪽 | 138×188mm | 13,000원

한 손엔 차표를, 한 손엔 시집을
시가 있는 여행

현대인의 지친 마음을 달래줄 감성 여행 가이드북. 6개의 테마에 맞춰 이야기가 있는 감성 여행지 31곳을 소개하고, 여행지마다 고은, 이청준, 정채봉 등 국내 시인들의 시를 함께 수록했다. 마음에 닿는 시는 여행의 감상을 배가시킨다.

윤용인 지음 | 292쪽 | 153×223mm | 13,000원

• 인테리어 | DIY

쉬운 재단, 멋진 스타일
내추럴 스타일 원피스

직접 만들어 예쁘게 입는 27가지 스타일 원피스. 모든 원피스마다 단계별, 부위별로 자세한 과정을 일러스트로 설명해준다. S, M, L 사이즈로 나뉜 실물 크기 패턴도 함께 수록되어 있어 재봉틀을 처음 배우는 초보자라도 뚝딱 만들 수 있다.

부티크 지음 | 112쪽 | 210×256mm | 10,000원

트러블·잡티·잔주름 없는 명품 피부의 비결
홈메이드 천연화장품 만들기

피부를 건강하고 아름답게 만들어주는 홈메이드 천연화장품 레시피 북. 클렌저, 로션, 세럼, 팩, 보디 케어 제품, 비누, 목욕용품 등 고급스럽고 내추럴한 천연화장품 35가지가 담겨 있다. 단계별 사진과 함께 자세히 설명되어 있어 누구나 쉽게 만들 수 있다.

카렌 길버트 지음 | 152쪽 | 190×245mm | 13,000원

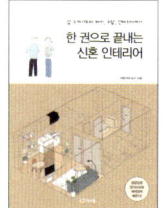

집 구하기부터 배치, 수납, 인테리어까지
한 권으로 끝내는 신혼 인테리어

집 구하기부터 공간 배치, 수납, 가구 고르기, 인테리어 장식에 이르기까지 신혼집 인테리어의 모든 것을 알려주는 책. 남다른 감각이나 특별한 기술이 없어도 이 책에서 가르쳐주는 각 테마별 가이드라인을 하나하나 따라가다 보면 전체적으로 정돈된 멋진 인테리어가 완성된다.

카와카미 유키 지음 | 234쪽 | 153×214mm | 13,000원

작은 공간을 두 배로 늘려주는
정리와 수납 아이디어 343

'숨은 공간'을 활용하여 정리와 수납을 완성하도록 도와주는 책. 이 책에는 수납 전문가들의 노하우가 한가득 담겨있다. 기발한 아이디어를 사진으로 만나볼 수 있다. 다양한 사례를 접하다 보면 깔끔하게 정리하는 기술이 점점 눈에 들어올 것이다.

오렌지페이지 지음 | 128쪽 | 210×275mm | 10,000원

좁은 집 넓게 쓰는 인테리어 아이디어 54
집안을 확 바꾸는 수납의 기술

집 안을 어지럽히는 물건들을 쉽고 효율적으로 정리하는 수납 아이디어 북. 인테리어 전문가인 저자가 실제 사례를 바탕으로 다양한 상황에 적용할 수 있는 수납의 기술을 알려준다. 수납 방법을 한눈에 알 수 있는 그림이 특징이다.

카와카미 유키 지음 | 136쪽 | 170×220mm | 11,200원

• 건강

하루 15분
필라테스 홈트
필라테스는 자세 교정과 다이어트 효과가 매우 큰 신체 단련 운동이다. 이 책은 전문 스튜디오에 나가지 않고도 집에서 얼마든지 필라테스를 쉽게 배울 수 있는 방법을 알려준다. 난이도에 따라 15분, 30분, 50분 프로그램으로 구성해 누구나 부담 없이 시작할 수 있다.

박서희 지음 | 128쪽 | 215×290mm | 11,200원

아침 5분, 저녁 10분
스트레칭이면 충분하다
몸은 튼튼하게 몸매는 탄력있게 가꿀 수 있는 스트레칭 동작을 담은 책. 아침 5분, 저녁 10분이라도 꾸준히 스트레칭하면 하루하루가 몰라보게 달라질 것이다. 아침저녁 동작은 5분을 기본으로 구성, 좀 더 체계적인 스트레칭 동작을 위해 10분, 20분 과정도 소개했다.

박서희 지음 | 88쪽 | 215×290mm | 8,000원

아기는 건강하게, 엄마는 날씬하게
소피아의 임산부 요가
임산부의 건강과 몸매 유지를 위해 슈퍼모델이자 요가 트레이너인 박서희가 제안하는 맞춤 요가 프로그램. 임신 개월 수에 맞춰 필요한 동작을 사진과 함께 자세히 소개하고, 통증을 완화하는 요가, 남편과 함께 하는 커플 요가, 회복을 돕는 산후 요가 등도 담았다.

박서희 지음 | 176쪽 | 170×220mm | 12,000원

걷는 만큼 빠진다
워킹다이어트
슈퍼모델이자 퍼스널 트레이너인 김사라가 제안하는 걷기 다이어트 프로그램. 준비부터 기본자세, 운동 전후의 관리 등 걷기 다이어트의 모든 것을 알려준다. 전국의 걷기 좋은 곳도 소개되어 있다.

김사라 지음 | 136쪽 | 182×235mm | 12,000원

젊음과 건강을 유지하는 방법
착한 비타민 똑똑한 미네랄
대부분의 현대인이 비타민·미네랄 결핍을 겪고 있다. 다들 한두 가지 영양제는 먹고 있지만 '대충' 먹는다. 같은 성분이라도 성별과 연령, 증상에 따라 먹어야 효과를 볼 수 있다. 이승남 박사가 제시한 맞춤처방전으로 젊음과 건강을 유지하는 방법을 배워보자.

이승남 지음 | 184쪽 | 152×255mm | 10,000원

• 육아

산부인과 의사가 들려주는 임신 출산 육아의 모든 것
똑똑하고 건강한 첫 임신 출산 육아
임신 전 계획부터 산후조리까지 현대를 살아가는 임신부를 위한 똑똑한 임신 출산 육아 교과서. 20년 산부인과 전문의가 인터넷 상담, 방송 출연 등을 통해 알게 된, 임신부들이 가장 궁금해하는 것과 꼭 알아야 것들을 알려준다.

김건오 지음 | 352쪽 | 190×250mm | 17,000원

언제 어디서나 갖고 다니며 펼쳐보는
임신 출산 핸드북
가방 속에 갖고 다니면서 볼 수 있는 작은 크기의 임신 가이드북. 임신 준비부터 출산 직후까지 8개 챕터로 나누어 임신부가 알아야 할 기본 상식을 차근차근 알려준다.

사라 조던·데이비드 우프버그 지음 | 서예진 옮김 | 240쪽 | 140×185mm | 12,000원

초보 엄마가 꼭 알아야 할 육아 매뉴얼
사진으로 한눈에 익히는 0~12개월 아기 돌보기
초보 엄마 아빠에게 꼭 필요한 육아 가이드북. 출생 후 12개월까지 안아주기, 수유하기, 기저귀 갈기, 달래기, 목욕시키기 등 아이 돌보기의 모든 것이 풍부한 사진과 함께 상세히 설명되어 있어 쉽게 따라 할 수 있다.

프랜시스 윌리엄스 지음 | 112쪽 | 190×260mm | 10,000원

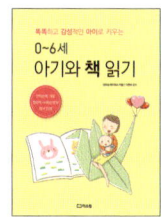

똑똑하고 감성적인 아이로 키우는
0~6세 아기와 책 읽기
태아 때부터 영유아기까지 아이의 나이와 상황에 맞는 책 읽기와 이야기 만들기, 아이와 교감하며 책 읽는 기술 등을 알려준다. 독서지도 전문가가 추천하는 책을 물론, 내 아이를 주인공으로 하는 맞춤 이야기들도 소개되어 있다.

앨리슨 데이비스 지음 | 112쪽 | 190×260mm | 10,000원

엄마와 아기가 함께 하는 사랑의 스킨십
튼튼~ 쑥쑥~ 아기 마사지
전문가에게 직접 마사지를 받지 않아도 집에서 엄마의 손길로 해줄 수 있는 마사지 방법이 모두 소개되어 있다. 아기 몸의 특징, 베이비 마사지의 효과와 방법, 소화불량·식욕부진·변비 해소 등 아기의 다양한 증상별 마사지법이 담겨 있다.

야마다 미츠토시 지음 | 136쪽 | 140×185mm | 9,800원

5천만의 외식 메뉴 중국집보다 맛있다
양항자의 중국요리

요리 | 양항자
어시스트 | 장금열 박선애 오미선 김세희 안찬유
스타일링 | 정주희 반윤지 김승현
사진 | 박용국 한성덕
협찬 | 소담공방 (010-8906-2873)

기획·진행 | 주연욱
디자인 | 장 메이 (R.E.M 02-357-9423)

편집 | 김연주 김은정 이희진
마케팅 | 이승순 이진목 박미진
경영관리 | 강미선

출력·인쇄 | 금강인쇄

초판 3쇄 | 2018년 4월 16일

발행인 | 이진희
발행처 | 리스컴

주소 | 서울시 강남구 광평로 295, 사이룩스 서관 1302호
전화번호 | 대표번호 02-540-5192
　　　　　　영업부 02-544-5193
　　　　　　편집부 02-544-5933 / 540-5944
FAX | 02-540-5194
등록번호 | 제2-3348
홈페이지 | www.leescom.com

이 책은 저작권법에 따라 보호받는 저작물이므로
사진과 글의 무단 전재 및 복제를 금합니다.
잘못된 책은 바꾸어 드립니다.

ISBN 978-89-91193-69-7 13590
값 13,000원

리스컴 블로그
blog.naver.com/leescomm
리스컴 페이스북
facebook.com/leescombook
맛있는 책 카페
cafe.naver.com/leescom